O PODER DA IGREJA QUE ORA

CB123822

O PODER DA IGREJA QUE ORA

mundocristão
São Paulo

Copyright © 2015 por por Antonieta Rosa, Bianca Toledo, Denise Seixas Pereira, Devi Titus, Dora Bomilcar, Durvalina Bezerra, Helena Tannure, Nancy Gonçalves Dusilek, Nina Targino e Suely Bezerra
Publicado por Editora Mundo Cristão.

Os textos das referências bíblicas foram extraídos da *Nova Versão Internacional* (NVI), da Biblica Inc., e da *Almeida Revista e Atualizada*, 2ª ed. (RA), da Sociedade Bíblica do Brasil. Eventuais destaques nas citações bíblicas são das próprias autoras.

O texto de Stormie Omartian foi extraído da obra *O poder de orar juntos*. Copyright © 2003 por Stormie Omartian e Jack Hayford. Publicado originalmente por Harvest House Publishers, Eugene, Oregon, USA. Uso sob permissão. No Brasil, publicado pela Editora Mundo Cristão, São Paulo, 2004.

O texto de Devi Titus foi traduzido por Daniel Faria.

Todos os direitos reservados e protegidos pela Lei nº 9.610, de 19/02/1998.

É expressamente proibida a reprodução total ou parcial deste livro, por quaisquer meios (eletrônicos, mecânicos, fotográficos, gravação e outros), sem prévia autorização, por escrito, da editora.

CIP-Brasil. Catalogação-na-fonte
Sindicato Nacional dos Editores de Livros, RJ

P 797
O poder da igreja que ora / Stormie Omartian ... [et. al] - 1. ed. - São Paulo : Mundo Cristão, 2015.
224 p. ; 21 cm.

1. Oração 2. Fé 3. Igreja 4. Cristianismo I. Omartian, Stormie.

15-22354
CDD: 232.9
CDU: 27-312

Categoria: Oração

Publicado no Brasil com todos os direitos reservados por:
Editora Mundo Cristão
Rua Antônio Carlos Tacconi, 79, São Paulo, SP, Brasil, CEP 04810-020
Telefone: (11) 2127-4147
www.mundocristao.com.br

1ª edição: agosto de 2015

Sumário

Apresentação

É impossível falar sobre cristianismo sem que o conceito de oração esteja presente; afinal, a fé cristã pode ser resumida, essencialmente, ao relacionamento entre Deus e seus filhos e entre o homem e seu próximo. E como seria plausível conceber um relacionamento sem diálogo? A conversa entre o Criador e suas criaturas é construída sobre dois alicerces: Deus fala e nós o escutamos, pela Palavra; nós falamos e ele escuta, pela oração. Portanto, é inconcebível imaginar vida cristã sem oração.

O ato de orar está presente nas Escrituras do início ao fim. Em Gênesis, Deus inaugura a era da oração ao criar Adão e começar a se relacionar com ele em diálogos constantes. Em Apocalipse, as Escrituras terminam com a súplica do apóstolo João: "Vem, Senhor Jesus!" (Ap 22.20). Do mesmo modo, na vida terrena da Igreja e de cada cristão, a oração deve estar presente ininterruptamente, do momento em que somos justificados por Cristo até nosso último suspiro. Assim como o ar mantém o corpo vivo, a oração sustenta a vida espiritual.

Orar é um ato simples. É abrir o coração e derramá-lo diante do Pai. É abrir os lábios da alma e deixar que o

Senhor escute a voz do nosso ser. Em essência, é uma dinâmica sem complicações. Ainda assim, a Bíblia trata de diferentes aspectos da oração, que não podem ser ignorados. O Todo-poderoso estabeleceu as bases de como ele desejava que se desse tal diálogo. Logo, não há como deixar de lado a vontade soberana do nosso interlocutor celestial na hora em que nos dirigimos a ele.

Por definição, orar é "pedir com insistência e humildade; implorar, rogar, suplicar".[1] Em sua raiz etimológica, o verbo *orar* vem do latim *orare*, que significa "pedir". Quando Jesus ensinou o pai-nosso, ao dizer que deveríamos "orar" (cf. Mt 6.9), o termo no original, em grego, é *proseuchomai*, que tem o sentido preciso de "suplicar". Assim, seja no sentido atual, seja no original, seja no bíblico, o ato de orar pressupõe filhos pedindo, com humildade, algo a seu Pai. É uma prática que demonstra submissão, adoração e reconhecimento de que tudo depende da vontade soberana do Altíssimo. Porém, em nossos dias, a oração ganhou muitas cores diferentes, adquiriu significados distintos e por vezes deturpados. Muitas ações passaram a ser chamadas de "oração" sem, todavia, coadunar com aquilo que define esse ato em qualquer de suas acepções.

Diante desse quadro, a Mundo Cristão desenvolveu o projeto de *O poder da igreja que ora*, com a finalidade de provocar uma reflexão transformadora sobre o sentido real e bíblico desse alicerce de nossa fé que é a oração e de sua importância para o Corpo de Cristo e cada um de seus membros. Para tanto, a editora convidou um grupo de mulheres reconhecidas por sua relação pessoal com a prática da oração, a fim de analisar diferentes aspectos pertinentes ao ato de orar, com base em seus conhecimentos e em sua experiência.

Antonieta Rosa, Bianca Toledo, Denise Seixas Pereira, Devi Titus, Dora Bomilcar, Durvalina Bezerra, Helena Tannure, Nancy Gonçalves Dusilek, Nina Targino, Stormie Omartian e Suely Bezerra foram escolhidas a dedo para compor o time de autoras desta obra. Muitas delas desenvolvem trabalhos sérios e consagrados de estímulo à oração. Outras lideram ministérios dedicados a conduzir milhares de pessoas ao diálogo com Deus. E há, ainda, as que viveram experiências pessoais inequivocamente relacionadas à intercessão da Igreja. Embora venham de diferentes denominações cristãs, as onze autoras têm um aspecto em comum que as identifica e promove a união indispensável ao Corpo de Cristo: todas são conhecidas como mulheres para quem a oração é fundamental.

É desejo da Mundo Cristão que *O poder da igreja que ora* contribua para seu crescimento em intimidade com o Senhor e desenvolvimento de uma vida de oração rica e bíblica. Dobre seus joelhos junto com essas onze mulheres de Deus e descubra o que é capaz de fazer a súplica de filhas que se rendem a um Pai gracioso, amoroso e bom.

Boa leitura!

Maurício Zágari
Editor

Prefácio

Stormie Omartian

Durante minha primeira gravidez, sofri com dores e náusea fortes. Embora meu médico dissesse que eu não teria esse problema novamente, minha segunda gravidez foi pior. Na verdade, as dores e a náusea foram tão fortes que não consegui comer nada durante meses e, por isso, precisei ser hospitalizada e receber alimentação intravenosa. Quando minhas veias finalmente se cansaram, o médico me mandou para casa, dizendo que não podia fazer mais nada. Recebi alta do hospital no domingo, no meu sétimo mês de gravidez, mais doente e fraca do que nunca.

Durante os meses aparentemente infindáveis da minha luta, muitas pessoas oraram por mim e algumas até foram ao hospital para isso. No sábado, antes de eu ser liberada, o pastor Jack me visitou no hospital e orou por mim também. Eu sabia que as orações de pessoas cheias de fé haviam me sustentado e ao bebê durante aquele tempo, mas ainda me sentia desencorajada sobre o futuro, porque eu não estava ficando nem um pouco melhor.

Quando cheguei em casa naquele domingo, meu marido me ajudou a voltar para a cama, onde eu ficaria por alguns meses ainda. Nossos amigos íntimos Bob e Sally chegaram logo depois para preparar o jantar para nossas duas famílias. Todos sabiam que eu não comeria com eles.

Mais ou menos às 18h30 daquela noite, eu estava deitada na cama, ouvindo os outros conversarem na cozinha enquanto terminavam o jantar. Durante meses, eu vinha me sentindo tão fraca que nem conseguia ler ou assistir à televisão; tudo o que fazia era sentar-me ereta, em agonia, e pensar, saudosamente, sobre coisas simples às quais, em outros tempos, eu costumava não dar muita atenção, como sentar-me à mesa e comer com os amigos.

De repente, tive a sensação mais estranha de todas — uma completa ausência de náusea e dor. Deitei-me ali por alguns minutos, quase sem respirar, esperando que aquelas sensações voltassem. Como isso não acontecia, sentei-me na cama e esperei mais um pouco. Quase não acreditava que todo aquele mal-estar não voltaria. Empurrei as cobertas, lentamente me sentei na beira da cama e, colocando os pés no chão, esperei por mais alguns minutos. Quando vi que nada mudara mesmo, levantei-me e caminhei cuidadosamente até o banheiro que havia em meu quarto e olhei no espelho. Fiquei surpresa em ver como estava magra, frágil, sombria e pálida. Contudo, mesmo assim não sentia nenhuma náusea ou dor.

Caminhei com muito cuidado para a cama e me sentei novamente, como se qualquer movimento brusco pudesse trazer tudo aquilo de volta. Devo ter ficado lá cinco minutos antes de, finalmente, ter-me sentido corajosa o bastante para me arriscar a sair da cama, descer para o *hall* e entrar na sala onde meu marido, deitado, assistia à TV.

"O que você pensa que está fazendo?", ele perguntou, sentando-se no sofá, sem poder acreditar.

"Não sei o que aconteceu, mas me sinto diferente", respondi e continuei caminhando para a cozinha, onde Sally dava os últimos retoques na limpeza.

"O que você pensa que está fazendo?", ela perguntou atônita. Naquele momento, Michael e Bob já haviam atravessado a sala, me seguindo.

"Não sei o que aconteceu, mas, de repente, me senti muito bem", respondi.

Michael puxou uma cadeira para mim, à mesa, enquanto Sally perguntava:

"Quer comer algo?"

"Sim", respondi. "Rápido, antes que volte tudo de novo!" Dentro de meio minuto ela me deu uma pequena tigela com peras picadas e um pedaço de torrada, que comi bem devagar e com cuidado. Foi a melhor refeição da qual podia me lembrar meses depois. Na verdade, era a única refeição de que me recordava. Continuei comendo, e todos se alegraram por esse alívio miraculoso. Vinte minutos depois, voltei para a cama, a fim de saciar um sono desesperadamente necessário antes que a dor e a náusea voltassem.

Quando acordei na segunda-feira pela manhã, ainda me sentia bem. Conversei com Michael sobre a possibilidade de ligar para o pastor Jack e dizer o que havia acontecido, mas, então, pensei melhor. Decidi esperar mais um dia para ter certeza.

Na terça-feira, pela manhã, novamente acordei bem e eu sabia que era o momento de informar o pastor Jack. Liguei para ele e contei tudo o que havia acontecido.

"A que horas aconteceu isso no domingo à noite?", ele perguntou.

"Aproximadamente às 18h30", respondi.

"Essa foi a hora em que toda a congregação estava orando por você no culto de domingo à noite", explicou ele com a voz cheia de alegria.

"É mesmo? Toda a congregação orou por mim?", perguntei perplexa. Àquela altura, a igreja havia se tornado uma grande assembleia, com muita gente.

"Sim, ninguém lhe contou?", ele perguntou surpreso. "Eu tinha certeza de que alguém já lhe havia contado."

"Não, ninguém me ligou", respondi, segurando as lágrimas de gratidão. "Muito obrigada por fazer isso, por reunir todas as pessoas para orar por mim."

"Deus seja louvado. Isso foi um milagre!", ele exclamou.

"O senhor realmente acredita nisso?", perguntei, ainda hesitante em acreditar que havia realmente sido curada.

"Sim!", ele disse enfaticamente. "Eu sei que foi."

Ele estava certo. Daquele momento em diante, fiquei livre do sofrimento. Que outra explicação haveria para aquela reviravolta miraculosa nos acontecimentos, exceto que foi resultado de oração? Sugerir que foi mera coincidência o fato de, após sete meses de agonia, eu ter sido repentinamente curada ao mesmo tempo que a congregação orava por mim é ridículo. Até meu médico achou tudo aquilo assombroso quando lhe contei o que acontecera. Disse que nunca tinha visto uma condição tão ruim desaparecer tão rapidamente. Eu sabia que o que acontecera era um milagre, resultado das orações de cristãos fiéis.

Por causa dessa experiência, pude enxergar que o poder de uma igreja que ora é uma força formidável, com possibilidades ilimitadas. Esse é um recurso que ainda precisa ser explorado ao máximo. E devemos esgotá-lo. Chegou o tempo de nós, cristãos, usarmos esse recurso aprendendo a orar no poder capacitador gerado pelo Espírito Santo. A salvação de nosso mundo — no sentido total da palavra — depende disso. Que Deus nos ajude a compreender as consequências se isso não acontecer.

Depois de Jesus ter sido crucificado e ressuscitado, um grupo de 120 pessoas reuniu-se para orar todos os dias e tornou-se a primeira igreja de que se tem registro no Novo Testamento. Eles "perseveravam unânimes em oração" (At 1.14). A primeira igreja era uma igreja de oração.

Um pouco mais tarde, depois do derramar do Espírito Santo, três mil pessoas foram salvas, e também "perseveravam nas orações" (At 2.42). Quando algumas dessas pessoas pediram que Deus lhes desse a coragem de que precisavam para falar de sua Palavra e ver sinais e prodígios feitos em nome de Jesus, Deus lhes respondeu com poder. "Tendo eles orado, tremeu o lugar onde estavam reunidos; todos ficaram cheios do Espírito Santo e, com intrepidez, anunciavam a palavra de Deus." (At 4.31) Essa igreja primitiva tinha uma longa e contínua reunião de oração e, quando orava, coisas aconteciam.

O poder da igreja hoje ainda é a oração. E nós, o Corpo de Cristo, também podemos ser abalados pelo poder de Deus que se manifesta. Veremos uma revolução no mundo ao nosso redor se estivermos dispostos a orar de maneira fervorosa e incessante, como fez a Igreja primitiva, refletindo também fé e unidade.

"Há determinadas dinâmicas para esse tipo de reunião de oração, essenciais para fazê-la funcionar", explicou o pastor Jack. "Uma das coisas que têm de acontecer é as pessoas chegarem a uma convicção sobre a vida invisível. Precisam unir-se na crença de que o reino invisível é real e de que receberam uma posição de autoridade e acesso privilegiado a esse reino. A maioria das pessoas sabe que deve orar; muitas, porém, não acreditam que isso fará alguma diferença. Se reconhecem que há verdadeira consequência no reino invisível, isso as encoraja, e elas podem acreditar com uma fé maior ainda. Jesus veio para mudar as coisas, salvar pessoas, curar o doente, transformar famílias e circunstâncias, impactar nações com uma reviravolta na alma das pessoas. E o poder de uma igreja que ora é a chave para tudo isso".

Construindo um lugar para a presença de Deus

Creio que nunca participei de um culto de adoração na igreja em que não tenha chorado. Deve ser porque sentia a presença de Deus de forma muito intensa.

Uma das coisas de que mais gosto no Senhor é o fato de ele prometer que, sempre que o adorarmos, estabeleceremos um lugar para ele entrar e habitar. O que pode ser mais maravilhoso do que ter o Espírito de Deus habitando em nosso meio? Isso pode acontecer no lar, na igreja, em um pico de montanha, em um campo, em alto-mar ou em qualquer outro lugar, porque, quando adoramos a Deus, ele é entronizado em nossos louvores (Sl 22.3). Que outra religião pode dizer que tem um Deus assim?

O pastor Jack nos ensinou que há três dimensões da presença de Deus reveladas na Bíblia: a *onipresença*, a *presença prometida* e a *presença manifesta*.

"Sempre haverá puristas que dirão: 'Deus está em todo lugar; então não converse comigo sobre a presença de

Deus', e isso é verdade", ele disse. "Existe a *onipresença* de Deus, a qual afeta todos porque o Senhor está em todo lugar. Mas a Bíblia esclarece que existem duas outras dimensões da presença de Deus. A *presença prometida* de Deus, que vem quando ele nos guia, caminha conosco e fala ao nosso coração, e a *presença manifesta* de Deus, experimentada no âmbito de um grupo, quando as pessoas se movem juntas em um espírito de adoração que atrai o poder da presença de Deus."

A construção de um lugar para a presença manifesta de Deus se faz por meio da oração. Quando as pessoas o recebem com louvor e adoração, sua presença manifesta vem em poder. O Senhor não virá na *plenitude* de sua presença se não lhe fizermos um lugar para habitar em nossa adoração.

Toda congregação faz uma escolha quanto ao grau da presença de Deus que deseja ter em seu meio, pela importância que atribui à adoração.

Como igreja do Senhor neste mundo, estamos em uma batalha contra forças do mal que desejam nossa derrota. Mas a Bíblia promete que somos mais que vencedores e que nossa vitória é certa (Rm 8.37). Quando adoramos a Deus, o Espírito Santo vem em poder, e Satanás é vencido. Tudo o que tenta nos destruir — como a doença, o sofrimento, a pobreza, o pecado, o desencorajamento, a contenda e o fracasso — pode ser revertido por meio do louvor. Quando adoramos a Deus, ele trabalha poderosamente para derrotar qualquer coisa que se oponha a nós.

"Há paz, muita força e confiança na presença de Deus, não importa o que aconteça no mundo ao nosso redor", disse o pastor Jack. "Mas isso não acontece sem louvor e adoração. O louvor destrói a atmosfera na qual a doença, a derrota, a futilidade e o desencorajamento florescem. O louvor desnorteia o clima que promove o crescimento do sofrimento, da confusão, do tumulto e da discórdia da vida. O louvor vence o fogo do inferno e exala a vida dos céus no vazio da morte produzido na terra. O poder de Deus é como um tornado que varre os obstáculos do pecado, dos interesses próprios, da enfermidade e de Satanás".

Ao adorá-lo, não estamos apenas tentando chamar sua atenção para que se interesse por nós. Nem buscamos agradar a Deus para que nos favoreça e responda às nossas orações. Ele já nos favorece e prometeu responder às nossas orações. Ao adorá-lo, expressamos nosso amor e reverência em relação a ele, sendo obedientes ao que nos pede. "A Palavra de Deus não nos diz para agradecer a Deus por todo sofrimento, toda maldade, toda tragédia ou todo problema", explicou o pastor Jack. "Ela, porém, afirma que nunca devemos deixar as circunstâncias atrapalharem nosso louvor. A Palavra não diz *por* tudo dai graças, mas *em* tudo dai graças. Seja qual for a situação, não importa quão desanimadora ela seja, devemos louvar a Deus, que é maior do que as circunstâncias, e seu amor garantirá nosso triunfo sobre elas ou em meio a elas."

Frequentemente, no fim do período de oração, o pastor Jack nos pedia para darmos as mãos às pessoas dos dois lados e através dos corredores. Então, ele nos conduzia em oração sobre um assunto específico. Toda vez que fazíamos isso, eu podia sentir a forte unidade e o poder do Espírito de Deus fluindo por meio de nós. Com nossas mãos ainda unidas, ele nos pedia para levantá-las e cantar louvores ao Senhor. O poder daquele momento de adoração em conjunto era palpável e imensurável; além disso, não havia dúvida de que a presença de Deus tinha encontrado um lugar para habitar.

A construção de uma habitação para a presença de Deus acontece quando decidimos adorar a Deus do jeito dele e fazer dessa ação nossa prioridade. Isso significa que cada um de nós, como indivíduo, deve definir essa prioridade em sua vida pessoal. Não apenas precisamos participar de períodos de adoração em conjunto nos cultos de nossa igreja ou em outras reuniões, onde cristãos estão reunidos para adorar a Deus, mas também é importante que louvemos e adoremos a ele infinitas vezes durante o dia. Louvar é uma forma de adoração. Ver o poder fluir em nossas orações começa aí.

FORMANDO UM POVO PARA FAZER O TRABALHO DE DEUS

"Não estou interessado em construir uma grande igreja, mas, sim, em formar um grande povo", disse-nos o pastor Jack muitas vezes nos anos em que fui uma de suas ovelhas. Ele nunca pensava em maneiras de fazer crescer o número de pessoas da congregação, porque estava muito ocupado tentando nos fazer crescer como os indivíduos que Deus pretende que sejamos desde que nos criou. Estávamos constantemente sendo treinados espiritual e pessoalmente, e para nós isso se tornou um estilo de vida. Apesar disso, a frequência na igreja continuava crescendo além do espaço disponível. Mesmo o aumento do número de cultos e a aquisição de propriedades nunca pareciam acompanhar tal crescimento.

Durante esse tempo, aprendi que a igreja não é apenas um edifício; é um conjunto de pessoas. Você, eu e milhões de outros que acreditam em Jesus formamos a Igreja. O *edifício* da igreja é um lugar onde os cristãos se reúnem para se alimentar espiritualmente, crescer e preparar-se para sair e fazer a obra de Deus.

Todos na Igreja — o Corpo de Cristo, os cristãos — têm um propósito para sua vida. E Deus tem dons, talentos e habilidades reservados a cada um de nós, a fim de cumprirmos esse propósito (Ef 4.8-16). *Pertencer a uma igreja — um corpo local de cristãos, uma congregação* — conduzida por líderes religiosos que vão ajudá-lo a crescer é a maneira mais efetiva de identificar e desenvolver esses dons para que você se torne uma pessoa atuante no reino de Deus. Por meio da família da igreja, Deus vai lhe ensinar sobre ele mesmo e sobre os planos dele para sua vida.

"A igreja não é construída por uma liderança habilidosa. A igreja é construída por Jesus", explicou o pastor Jack. "Mas os líderes estão lá para cultivar a compreensão do povo. O que caracteriza grande parte da igreja no mundo é que as pessoas consideram os pastores ou clérigos profissionais contratados para se dedicarem a elas. Encaram os líderes como se eles é que fizessem a igreja, e vão à igreja para que as coisas aconteçam para elas, os membros. Ao fazer isso, não pensam em si próprias como instrumentos para levar ao mundo a vida de Jesus. Mas a igreja não é uma organização; é um organismo. E o plano de Deus é que os líderes alimentem as pessoas para que elas alcancem a dimensão para a qual foram criadas."

É importante que você não perca a visão de que é parte do Corpo de Cristo. Se não compreender isso, tenderá a pensar em si próprio como um leigo, alguém que é "apenas" uma mãe ou pai, ou "apenas" dona de casa, professora, bombeiro, ou aluno, ou "apenas" um operário, um soldado, um encanador ou um vendedor. Não verá a si mesmo como uma ferramenta do amor e do poder de Deus onde você está, seja lá onde for ou o que esteja fazendo para viver. Estar na igreja e orar com outros cristãos o ajuda a ver aquilo com o que está conectado e uma parte do que Deus está operando na terra.

Essa é a razão por que toda vez que você for à igreja algo perceptível — alguma forma de crescimento — deverá estar acontecendo dentro de você por meio do ensinamento, da adoração e da oração. Sempre que estiver reunido com o Corpo de Cristo, deverá se sentir revigorado, renovado, encorajado e edificado. Se não acredita que essas coisas estão acontecendo com você ou que não está sendo equipado para se tornar tudo aquilo para o que foi criado, então pergunte a Deus se você está na igreja certa. Ele tem uma igreja que é a família específica para você, então peça a ele que lhe mostre onde ela está.

"O papel do cristão em ver a si mesmo como alguém de grande potencial em oração é fundamental para que a Igreja se torne o que deve ser", disse o pastor Jack. "Em um encontro de oração na Igreja primitiva, em Antioquia, o Senhor estabeleceu um plano que transformaria o mundo (At 13.1-3). Os membros daquela congregação reconheciam que a mudança envolveria duas coisas: a resposta deles ao Espírito Santo, o que os levava à oração e ao jejum, e o cumprimento do ministério de serem enviados. E o mundo foi revolucionado. É um fato visível que a história mudou depois daquela reunião de oração em Antioquia, na Síria, quase dois mil anos atrás. Qualquer análise histórica mostra o fluxo de acontecimentos que delineou o mundo como o conhecemos hoje — em particular a civilização ocidental — como resultado direto daquela reunião de oração. As pessoas que oram e compreendem que foram criadas para estar em Cristo têm definido a direção da história de seu mundo — seja local, seja regional, seja nacional, seja internacional. A maioria das igrejas cristãs hoje considera a fé em Jesus Cristo como uma válvula de escape. Mas Deus diz que deseja que sejamos instrumentos de redenção e de oração e intercessão, e o ministério fluirá disso."

Tenho aprendido algo incontestável nos mais de trinta anos em que caminho com o Senhor: *é impossível crescer e desenvolver seu mais completo potencial independentemente de outros cristãos.* Não pode ser somente "eu e Deus para sempre". Temos uma dependência mútua uns dos outros porque somos definidos e refinados no contexto de um corpo local de cristãos.

"Há muitas pessoas que gostariam de andar a sós com Deus", disse o pastor Jack. "A intimidade com o Senhor é uma parte maravilhosa de nossa vida, mas, se isso é tudo o que você tem, sua vida cristã não está se desenvolvendo. Pode murchar facilmente. Estaremos centralizados em nós mesmos. Infelizmente, há quem viva desse modo e que considere isto espiritual: retirar-se para o próprio mundo. Isso é parecido com o estilo de vida de fuga da realidade que caracterizou a busca espiritual de muitos líderes na idade das trevas. A cultura tornou-se espiritualmente obscura porque as pessoas se esqueceram de que a luz se difunde. Esse estilo de vida era chamado de monasticismo, pessoas buscando iluminação particular de Deus, mas deixando de estar em união com outros cristãos, no que seriam mutuamente aquecidas e cheias de fogo. Quando nos juntamos com outros cristãos, podemos nos tornar uma igreja 'cheia de fogo' não apenas que ore com poder, mas também que espalhe o amor de Deus."

Formar um povo que faz a obra de Deus ocorre na igreja local quando estamos conectados e crescemos com o restante da congregação. É dentro desse contexto que descobrimos quem devemos ser e para que fomos criados.

Uma das coisas mais importantes em fazer parte de uma família espiritual é encontrar poder na oração por meio da unidade. Quando marido e esposa estão em unidade, o casamento deles é forte. Quando os filhos estão em unidade com seus pais e uns com os outros, a família permanece forte. O mesmo acontece com a família espiritual. Quando os líderes estão em unidade e os cristãos estão ligados a eles e uns aos outros, há uma dinâmica que acrescenta poder a suas orações, e confiança de que Deus responderá em poder.

Criando uma força irresistível

Quando comecei a frequentar o culto na igreja durante a semana, às quartas-feiras à noite, encontrei a mesma adoração transformadora de vida e o grande ensino presente nos cultos das manhãs dominicais. Mas também aprendi como interceder verdadeiramente pelas pessoas e situações. Em nossos círculos de oração, cada um segurava cartões nos quais estavam escritos pedidos de oração específicos das pessoas da congregação, da cidade, da nação e de todo o mundo. Essas pessoas tinham ligado ou escrito para pedir que a igreja orasse. Também oramos por problemas e situações no mundo que o pastor ou outras pessoas traziam ao nosso conhecimento. O tempo de oração durava um pouco mais nas noites de quarta-feira — talvez 30 minutos — porque havia muitos assuntos pelos quais orávamos. Assim, testemunhávamos respostas maravilhosas, especialmente para nossa cidade.

No fim da década de 1980, houve uma tremenda seca no sul da Califórnia. Essa seca, em particular, foi péssima, principalmente porque quase não choveu durante alguns anos. A situação ficou tão ruim que tivemos de sofrer um racionamento de água. Se você nunca passou por isso, saiba que é alarmante. Não se pode molhar as plantas, o gramado ou o jardim; então tudo morre. Não se pode dar descarga no banheiro nem tomar banho quando bem entender, o que torna tudo muito inconveniente. Se você não tiver o cuidado de armazenar água em garrafas, pode não ter o suficiente para beber. Se utilizar mais do que a quantidade que lhe é destinada, não apenas pagará um valor exorbitante de multa, mas sua água será completamente cortada. E não há nada que se possa fazer quanto a isso. Durante a seca, não há jeito de obter água na quantidade de que se precisa.

Em uma de nossas reuniões de oração às quartas-feiras à noite, o Senhor moveu o coração de Anna Hayford para compartilhar uma visão que Deus lhe dera enquanto ela assistia a um noticiário local. O meteorologista relatou que uma massa de alta pressão estava assentada sobre os quatro cantos da área e não se movia já havia um longo tempo. Enquanto Anna assistia à reportagem, o Senhor pôs no coração dela que a congregação deveria orar contra o espírito que estava resistindo à bênção da chuva e evitando que a massa se movesse. Devíamos fazer aquilo mesmo estando em março, o que significava que a estação chuvosa para o sul da Califórnia já havia passado.

O pastor Jack nos lembrou do relacionamento dinâmico entre o domínio natural e o espiritual e de como Deus falara às pessoas da antiga Judá. Ele lhes disse que sempre que a família deixar de manter a adoração a Deus, "não virá sobre ela a chuva" (Zc 14.17). Concluímos, com base nesse princípio, que, se realmente *adoramos* o Senhor como intercessores, há motivos para acreditar que poderíamos esperar que *haveria* chuva. Confiamos que, com a adoração e a exaltação ao Senhor — e adoração especificamente sobre esse assunto —, poderíamos derrotar qualquer coisa que obstruísse o movimento daquela massa de pressão e, consequentemente, poderíamos ter chuva, mesmo não sendo a estação para que isso acontecesse.

O mais interessante é que aquele mesmo homem do tempo que deu a previsão no noticiário da TV viera visitar nossa igreja naquela noite e ouviu tudo o que Anna falou. Observou as pessoas adorando a Deus, ouviu o pastor Jack orando para que qualquer impedimento ao movimento da massa de ar fosse retirado e que a chuva chegasse. Ficou maravilhado em ouvir esse tipo de coisa nas orações de uma igreja.

Embora a massa houvesse se fortalecido por semanas, bloqueando padrões do clima que potencialmente trariam chuva, em menos de 48 horas aquela massa se moveu, e começou a chover em abundância. De fato, aquele março veio a ser o mês mais chuvoso da história de Los Angeles. Caiu chuva suficiente para toda a estação. Quando o homem viu o que acontecera depois daquela noite de oração na igreja, mencionou na televisão, certa noite, durante sua previsão do tempo.

"Sabem esta chuva que estamos recebendo?", perguntou aos telespectadores. "Fui a uma igreja que orou para que isso acontecesse: o mover dessa massa e a vinda da chuva".

Por ter sido esse um testemunho muito poderoso para ele, mais tarde voltou à igreja e recebeu o Senhor. Reconheceu que não havia outra maneira natural de chover naquele período do ano, porque chove muito pouco em março no sul da Califórnia. Por causa daquelas chuvas, os repórteres das notícias e da previsão do tempo em Los Angeles apelidaram o fenômeno daquele ano de "Março Milagroso". Foi chamado assim até mesmo por aqueles que não sabiam o que havia acontecido na igreja.

Aquela experiência foi transformadora para todos nós que orávamos. Primeiro de tudo, fez-nos mais conscientes de quão terrível deve ser a vida de quem mora em países que passam por graves e prolongados períodos de seca. Assim, desenvolvemos nova compaixão e motivação para orar por quem está nessa situação. Segundo, nunca mais reclamamos de dias chuvosos. Terceiro, aprendemos que a oração é algo a que nem mesmo as poderosas forças da natureza podem resistir.

Não me leve a mal. Quando conto essas respostas às orações da igreja, não estou dizendo que aconteceram somente por causa da oração da nossa igreja local. Tenho certeza de que Deus chamou outras pessoas e outras igrejas a orar também. Estou dizendo que nós, que participamos daquela noite de oração, sabíamos como aquelas chuvas eram milagrosas. Vimos como Deus responde a orações quando as pessoas estão unidas em espírito de louvor e quando oram em poder.

Alguns podem perguntar se Deus realmente mudaria o tempo só porque as pessoas oraram. Mas ele já fez isso na Bíblia: "Elias era homem semelhante a nós, sujeito aos mesmos sentimentos, e orou, com instância, para que não chovesse sobre a terra, e, por três anos e seis meses, não choveu. E orou, de novo, e o céu deu chuva, e a terra fez germinar seus frutos" (Tg 5.17-18). A Bíblia também diz que "para Deus não haverá impossíveis" (Lc 1.37) e "Jesus Cristo, ontem e hoje, é o mesmo e o será para sempre" (Hb 13.8). O que mais precisamos saber?

Durante os quarenta anos em que vivi em Los Angeles, sobrevivi a muitos terremotos. Nós os aguardávamos. A Bíblia diz que a Terra sofreria esses efeitos. Os sismólogos dizem que existe um tremor de terra enorme a caminho da Califórnia. E muitos autores profetizaram em livros sobre futuros terremotos. Mas o pastor Jack nos ensinou que, enquanto isso, precisávamos encontrar lugar de refúgio no Senhor, não importava o que acontecesse, e deveríamos encarar essas previsões como motivação para orar.

"Em nenhum lugar da Bíblia há o livramento com a total ausência de atividades sísmicas como assunto para a oração de intercessão do povo de Deus", disse o pastor Jack. "Se podemos orar e, pela graça de Deus, ver tempestades cessarem; se podemos orar e, pelo poder de Deus, desviar furacões; se podemos orar e invocar por chuva onde há seca, então não há razão para achar que é presunção orar em relação a terremotos. Salmos 115.16 diz que os céus são do Senhor, mas a terra ele a deu aos filhos dos homens. Os filhos redimidos de Deus têm o direito de considerar que é um privilégio deles orar para evitar o que poderia ser desastroso e ver isso aperfeiçoado de uma destas duas maneiras: que, por meio da oração, haja uma redução do impacto, ou, se o terremoto vier com toda a força, que haja redenção e cura na situação."

Você pode se perguntar: "Se isso é mesmo verdade e havia pessoas orando, então por que o terremoto de 1994 aconteceu em Northridge? As pessoas pararam de orar naquele dia?".

Enquanto morei em Northridge, eu orava diariamente por proteção contra terremotos. E sei que muitas pessoas oravam desse modo também. Acredito que por esse motivo houve relativamente poucas mortes, apesar de ter sido um terremoto massacrante e violento. Poderia ter havido milhares, mas ocorreram apenas algumas. Se ninguém estivesse orando, a situação poderia ter sido pior.

Se algo ruim acontecer em sua cidade, não significa que as pessoas não estejam orando. Deus não está sentado no céu pensando em circunstâncias e eventos traumáticos que nos ensinem uma lição. Ele está esperando que nos arrependamos de nossa falta de oração e de nossa falta de fé em sua capacidade de responder a nossas orações. Ele está esperando que acordemos e que nos tornemos uma força poderosa, à qual nenhum poder do inferno e da natureza poderá resistir.

Alguns assuntos pelos quais nossa igreja orou: que a polícia fosse fortalecida, aperfeiçoada e capaz de reduzir a taxa de crimes; que a proliferação de doenças contagiosas fosse interrompida e os incêndios florestais, controlados; que líderes justos fossem eleitos; que juízes honestos e tementes a Deus fossem indicados; que houvesse paz em nossos bairros e que outras igrejas ao redor do mundo florescessem.

E, é claro, sempre oramos por situações que acontecem fora de nossa cidade e que sabemos precisarem de um toque milagroso de Deus.

Quando Dayna Curry e Heather Mercer foram presos no Afeganistão, a igreja do pastor Jack, em Los Angeles, orou por eles; a igreja que frequento agora no Tennessee orou por eles; as próprias igrejas de que eram membros oraram por eles, e muitas igrejas ao redor de toda a nação e do mundo oraram por eles. Mais tarde, ao receber a notícia de que, finalmente, foram libertos e mandados para casa sem dano, muitos de nós choramos e agradecemos a Deus pela resposta incrível às nossas orações.

Meses depois da libertação, eu estava em um evento relacionado a livros e eles também. Encontrei Heather e Dayna várias vezes nos diferentes estúdios de rádio e TV onde éramos entrevistados. Toda vez que conversava com eles e lhes dava um abraço, precisava conter as lágrimas, porque sabia que estava abraçando um milagre. A libertação segura de Heather e Dayna é um dos melhores e mais lindos testemunhos do poder irresistível de uma igreja que ora. Nenhum plano do inferno pode prevalecer contra isso.

DERRUBANDO PAREDES DENOMINACIONAIS

Como comparar maçãs, laranjas, peras, *blueberries*, cerejas, mamões e bananas? Cada uma delas tem seu maravilhoso e distinto sabor, mas todas são frutas. Quando combinadas, fazem uma grande salada de frutas. Isso é o que deve acontecer com as denominações. O propósito delas deveria ser organizar cristãos em famílias distintas, não levantar paredes que separem o Corpo de Cristo.

Não há nada de errado com a existência de diferentes denominações na igreja, assim como não era errado haver diferentes tribos em Israel no Antigo Testamento. Mas quando ficamos fascinados demais por nossa tribo ou denominação, deixamos de reconhecer que temos irmãos e irmãs em outras tribos e que somos todos parte de "Israel", então isso se torna um problema. Deus não quer que desrespeitemos as outras tribos, erguendo muros contra elas e considerando isso a coisa certa a fazer. Ele deseja que nos amemos uns aos outros, porque todos somos parte do Corpo de Cristo.

As pessoas constroem paredes denominacionais porque têm medo de que alguém mude de tribo. E em alguns casos, diz-se às pessoas que, se forem para outra tribo, podem não fazer mais parte de "Israel". Devemos orar para que esse conceito de separatismo denominacional, que levanta paredes entre pessoas enquanto o Corpo de Cristo deveria estar mais unido que nunca, seja substituído pela apreciação de nossas diferenças. Diferentes sabores — uma salada.

Jesus disse que o mundo nos conheceria como seus discípulos por nos amarmos uns aos outros (Jo 13.34-35). Em muitas partes da Igreja, não conseguimos ver isso. As pessoas nos veem como grupos fechados e com amor apenas por nós mesmos. Elas não nos veem alcançando quem é diferente em algum aspecto, mas sim lutando uns contra os outros.

Uma das perguntas que os não cristãos me fazem com frequência é: "Qual o propósito das denominações? Não as entendo. Por que precisam delas? Por que uma denominação é tão crítica em relação a outra?".

Toda vez que tento explicar, pego-me pensando a mesma coisa. Por que focalizamos tão inflexivelmente nossas diferenças em vez de celebrar as coisas maravilhosas e poderosas que temos em comum?

Ainda que não acreditemos na ideia de que "todos os caminhos" levam a uma unidade, muitos líderes religiosos concordam que, a despeito de sua afiliação denominacional, podem unir-se sob uma declaração que contenha bases bíblicas com as quais qualquer cristão concorda. Coisas como a deidade do nosso Senhor Jesus, o nascimento virginal, a vida sem pecado, a morte redentora na cruz, a ressurreição; ou o fato de que Deus é o único Deus, existente nas três Pessoas do Pai, do Filho e do Espírito Santo; ou de que a Bíblia é a Palavra de Deus inspirada e infalível; ou o princípio de que, se crermos em Jesus e o recebermos, teremos um futuro eterno com ele no céu. Sobre tais bases, por que não haveria espaço para nos reunirmos no amor de Deus e no nome de Jesus e assim nos movermos no poder da oração em união?

Vejo a geração mais jovem pronta para esse modo de pensar. Felizmente, muitos jovens estão determinados a trazer mudanças e unidade.

"Há diversas denominações, por toda a nação e por todo o mundo, realizando ministérios e missões de grande valor", disse o pastor Jack. "E se eu, em algum momento, senti que estávamos às portas de uma reviravolta com relação à divisão, esse momento é agora. Há uma ponte sendo construída entre o separatismo e a restauração de relacionamentos, convocando um a um para alcançar, na bondade de Jesus, pessoas de outras tradições, a fim de que vejamos a comunhão entre as igrejas amplamente estabelecida no Corpo de Cristo."

Para realizar isso, precisamos focar nossas concordâncias em vez de lutar por causa de assuntos que não vemos com os mesmos olhos. Temos de estar mais preocupados em levar não cristãos ao Senhor do que em provar a outros cristãos que somos melhores, ou mais retos, que eles.

"Nunca há concordância no reino das trevas", explicou o pastor Jack. "Embora haja momentos em que grupos do inferno caminhem juntos, não é porque 'concordem', mas porque estão acorrentados juntos. Essa é a razão pela qual o Inimigo resiste a qualquer tentativa de unificação do Corpo de Cristo. Mas, em Cristo, a Bíblia diz que dois ou três indivíduos em concordância possuem uma dinâmica de unidade no Espírito Santo que pode quebrar a oposição do Adversário."

O objetivo do Inimigo é criar divisão sempre e onde puder, porque ele não deseja nossa união. Quando duas pessoas, até mesmo as mais fracas, estiverem em concordância, ele não poderá resistir. E, quando toda a igreja ora junto, a derrota do Inimigo é devastadora.

A beleza de um arco-íris se vê quando todas as cores aparecem juntas. As pessoas estão começando a reconhecer que Jesus está reunindo a Igreja de forma magnífica, e isso vem acontecendo com o rompimento das paredes denominacionais. Organizações e eventos tais como The National Day of Prayer [Dia Nacional de Oração], Promise Keepers [Mantenedores da Promessa, grupo para homens], cruzadas evangelísticas de Billy Graham, See You at the Pole [Vejo Você no Polo, para alunos do ensino fundamental ao ensino médio], os festivais de Luis Palau, as cruzadas de Greg Laurie Harvest e diversas conferências nacionais de mulheres são apenas alguns exemplos de grupos de oração que estão rompendo barreiras denominacionais e cruzando fronteiras para realizar grandes coisas para o reino de Deus. Precisamos de mais manifestações assim no mundo. Seria muito bom se cada um de nós se envolvesse em organizações e eventos como esses.

Quando os pastores se reconhecem como pessoas, e não como símbolos denominacionais, as coisas começam a mudar. Eles passam a reconhecer que têm objetivos em comum e que todos encaram desafios semelhantes. Não pensam mais no sentido de competição ou em ser mais corretos que os demais, porém querem fazer parte da mesma equipe. O pastor Jack contou à congregação sobre sua luta com esse tipo de coisa quando ele veio para a igreja.

"Eu não achava que fosse sectário", disse o pastor Jack, "mas, quando Anna e eu viemos para esta igreja, ela era bem pequenina. Nesta mesma rua, havia uma das dez maiores igrejas dos Estados Unidos, naquela época. Lembro-me do primeiro domingo em nossa pequenina igreja. Eu estava em pé nos degraus da frente do santuário, esperando as pessoas chegarem, para cumprimentá-las. Cerca de trinta pessoas apareceram. Mas eu vi muitos carros passando em frente a nossa igreja e indo para aquela grande igreja mais adiante na rua".

Algumas semanas depois, o pastor Jack estava saindo de nossa igreja e parou no sinal vermelho do semáforo em frente àquela igreja grande. Enquanto esperava o sinal ficar verde, notou que o lado de sua face que dava para o prédio da igreja queimava como fogo. Imediatamente reconheceu que o Senhor estava levando à luz uma postura que o pastor Jack tinha em relação àquela igreja enorme e que ele nem tinha percebido crescer em seu coração. Descreveu aquela experiência como uma conversa entre ele e o Senhor, que resultou em forte correção, mas também em grande libertação.

Sentindo um inexplicável ardor no rosto, ele perguntou: "Senhor, eu sei que o que sinto não está certo; então o que devo fazer?".

O Senhor falou a seu coração, dizendo: "Para começar, você poderia olhar para o prédio".

Então, ele se virou, olhou para a igreja e disse: "O que devo fazer agora?".

"Convido você a orar pelo que estou realizando nessa igreja", foram as palavras poderosamente postas em seu coração, "pois grande é a obra que estou fazendo aí, e os pastores dessa igreja não podem sustentá-la sozinhos. No entanto, embora não façam parte de seu rebanho, você é um dos meus pastores e o estou chamando para orar".

"Um milagre aconteceu em meu coração naquele instante", explicou o pastor Jack a nossa congregação, "e eu amei aquela igreja. Se estivesse em uma cadeira de rodas, me levantasse e começasse a andar, não seria um milagre tão grande quanto o que estava experimentando. Esse é o motivo pelo qual as posturas que assumimos no coração podem, muitas vezes, ser mais difíceis de mudar do que uma simples aflição física. E o que me assombrou durante as semanas seguintes foi que, quando passei em frente a outras igrejas, percebi que me sentia do mesmo modo em relação a elas. Realmente Deus tinha mudado alguma coisa em meu coração. Não que antes eu sentisse ódio, raiva ou até mesmo certa competição, porém, eu havia rotulado pessoas segundo determinadas categorias. Por exemplo, ao passar por uma igreja com uma tradição religiosa que eu não aceitava, presumia que estava justificado supondo que Deus os desaprovava também. Mas, na situação específica, o Senhor estimulou meu coração com um amor que nunca pensei sentir. Ele falou comigo: 'Como você poderia achar que não desejo abençoar uma igreja em que *todas as manhãs* o testemunho do sangue do meu Filho é elevado ao altar de adoração?'".

Assim como, num país, não há barreiras entre os estados, as denominações não deveriam ter barreiras entre si, no Corpo de Cristo. Deveriam servir apenas para organizar as pessoas em famílias; porém, é preciso evitar um espírito que divida as pessoas em diferentes campos e equipes em competição. Quando os não cristãos veem os cristãos brigando entre si, eles nos repudiam como irrelevantes. Eu sei disso porque, quando não era cristã, costumava ter uma posição crítica sobre esse assunto também. Não podemos levar uma mensagem de esperança e paz a outros quando agimos como se não tivéssemos uma para nós mesmos.

A destruição de barreiras denominacionais começa com pessoas como você e eu orando juntas pela unidade no Corpo de Cristo. Nós também devemos nos esforçar para incentivar outros em diferentes denominações. Podemos pedir a Deus que os líderes e os pastores das igrejas reúnam pessoas de todas as denominações da cidade para orar. Quando isso ocorrer, paredes virão abaixo, a unidade crescerá e coisas poderosas acontecerão.

Derrubando barreiras raciais e culturais

Um dos principais aspectos que notei no ministério do pastor Jack foi que as pessoas que participavam de sua congregação eram de várias culturas, raças e cores. Acontece a mesma coisa na igreja que frequento agora no Tennessee, e estou vendo isso ocorrer cada vez mais nas igrejas que visito. Todos os que chegam sentem o amor de Deus estendido a eles. Sei que isso ocorre porque os pastores e os líderes dessas igrejas empenham-se em alcançar *todas* as pessoas.

Um dos eventos mais poderosos que tenho testemunhado, o qual rompeu com barreiras culturais, raciais e denominacionais, ocorreu quando o pastor Jack e o pastor Lloyd Ogilvie convidaram um grupo de igrejas a se unir em oração para buscar o bem-estar da cidade. Lloyd Ogilvie era, naquela época, o pastor da Igreja Presbiteriana de Hollywood, e pouco tempo depois tornou-se capelão do Senado dos Estados Unidos.

Tudo começou quando o pastor Jack convidou alguns líderes e pastores de Los Angeles para um café da manhã de oração nas dependências da igreja. Depois da refeição, ele lhes disse o motivo pelo qual os havia convidado. Explicou sua visão: deveriam orar juntos em favor da cidade. Descreveu os assuntos de maior necessidade da cidade de Los Angeles e, depois, como poderiam começar a trabalhar juntos em uma busca contínua, a fim de formar uma rede de relacionamento com centenas de pastores em oração. No instante em que terminou de falar, houve um inacreditável e dramático terremoto! Não um daqueles que destrói tudo, mas deu para perceber que foi forte, um solavanco significativo que balançou a sala e chacoalhou os pratos e os talheres sobre a mesa do café da manhã. Claro que isso chamou a atenção de todos os presentes, e eles consideraram aquilo como mais do que uma coincidência.

Como resultado, sentindo que Deus os estava reunindo, concordaram em realizar o plano do pastor (tenho certeza de que eu também concordaria!).

Logo depois disso, o pastor Jack juntou-se a Lloyd Ogilvie, e eles convidaram mais pastores para outra reunião de oração semelhante, na igreja do pastor Ogilvie, em Hollywood. Foi uma reunião tão bem-sucedida que decidiram continuar com o mesmo tipo de encontro três vezes por ano, e, cada vez que eles se encontravam, o número de participantes aumentava.

Na reunião mais memorável de que já participei, Hayford e Ogilvie convidaram todos os pastores na cidade, bem como os líderes da congregação de cada um, para um encontro de oração enorme chamado "Love L.A." [Ame L.A.]. O propósito dessa reunião era unir todas as igrejas para orar pela cidade. O evento aconteceu em uma igreja enorme, na região central de Los Angeles. Dez mil pessoas foram, representando centenas de congregações de diferentes raças e denominações.

No momento em que entrei no santuário, senti a presença renovadora, vibrante e dinâmica do Espírito Santo. Todos podiam perceber que Deus estava operando. Após um período poderoso de adoração, o pastor Jack convidou um pastor de cada congregação para subir em um enorme palco à frente no santuário. Depois que a plataforma inteira se encheu de pessoas, o pastor Jack pediu a cada pastor que fizesse uma oração pela cidade em seu idioma nativo. Acredito que havia mais de trinta idiomas ali representados.

O poder do Espírito Santo era tão evidente em cada oração que, mesmo sendo feitas em idiomas que nem todos compreendiam, era possível sentir algo sacudindo o lugar. A maioria de nós não conseguia reter as lágrimas, porque nessa enorme cidade, cheia de discórdia e dividida racialmente, ver pessoas de todas as culturas, raças e denominações unidas em oração para levar abaixo as fortalezas das trevas erigidas na cidade era algo transformador e restaurador. Lembro-me de ter pensado: *Deve ser assim que o Corpo de Cristo vai ser no céu.*

"Há a necessidade de se levantar uma liderança no corpo da Igreja de Cristo que ajude a acabar com a amargura entrincheirada em setores de nossa sociedade", disse o pastor Jack. "Deve haver uma reviravolta em atitudes erradas, que seja desencadeada por iniciativa do povo de Deus, pois ninguém mais será capaz disso. Precisamos começar tratando do que se fez aos norte-americanos nativos quando esta terra foi colonizada. Depois, do que se fez aos escravos durante gerações. Ao traçar esse histórico, perceberemos que não existe povo algum que não tenha sido hostilizado em nossa cultura. Em retaliação, as atitudes em relação à cultura branca por parte dessas pessoas hostilizadas é tão agressiva quanto o tratamento que receberam — grande amargura em relação àqueles que semearam a semente da maldade. Não há ninguém inculpável."

Com o intuito de impedir que essa grande divisão continue a existir em nossa terra, cada um de nós precisa comprometer-se a ser um reconciliador. Para isso, temos de confessar nossos pecados, como povo, por hostilizar outros povos mais do que imaginamos. Depois, devemos estar dispostos a fechar o abismo que foi criado, dizendo: "Deus, usa-me como um instrumento para derrubar todas as atitudes de ódio, animosidade, separação e desrespeito em relação a outras raças". Devemos também orar com outros cristãos para que haja a reconciliação e a cura necessárias.

"O abismo que surgiu entre as tribos de Israel quando as do Norte se dividiram das do Sul é semelhante à guerra tribal em nossa nação atualmente, desde brigas entre gangues até atitudes entre grupos étnicos", disse o pastor Jack. "Nós, cristãos em nosso país, devemos orar para que Deus desperte as pessoas da letargia, da apatia espiritual e do sono, para que compreendam seu papel de líderes do povo a caminho da reconciliação".

A única maneira de as barreiras raciais e culturais serem derrubadas é a igreja se postar de joelhos para orar. Satanás, é claro, fará dura resistência. Ele não quer nos ver unidos quanto a esse assunto. Mas podemos resistir a ele (1Pe 5.9). Podemos seguir a seguinte instrução: "... sede firmes, inabaláveis e sempre abundantes na obra do Senhor, sabendo que, no Senhor, o vosso trabalho não é vão" (1Co 15.58).

Toda vez que questões raciais e culturais separam nações, a igreja que ora deve agir. Para que isso termine em reconciliação, deve haver, primeiro, intercessão. E essa mudança só é desencadeada quando determinadas igrejas não apenas oram, mas também alcançam outras igrejas e pessoas da comunidade diferentes delas, dedicando-lhes algo de si. Vamos convidar o Espírito Santo a fazer o que ele espera que seja feito, e isso consiste em estar unidos em laços de amor.

Derrubando fortalezas em sua cidade

Em "Ame L.A.", a enorme reunião de dez mil pastores, líderes e membros de centenas de congregações que se encontraram para orar pela cidade, uma das coisas específicas pela qual oramos naquela noite foi o fim das brigas de gangues. A situação era a pior de todos os tempos e estava dramaticamente aumentando, dia após dia, com mais e mais pessoas sendo mortas em assassinatos ligados às gangues, toda semana. E não eram apenas membros de gangues que estavam morrendo. Pessoas inocentes que passavam por locais de brigas, até mesmo bebês e crianças, vinham sendo assassinados. Era uma situação terrível, que nos causava muito sofrimento e assombro. Estava completamente fora de controle.

E assim, o casal que me levou ao centro da cidade, para a reunião daquela noite, David e Priscila Navarro, foram as pessoas que Deus usou para responder àquela oração. David tinha sido líder de uma gangue, mas havia recebido o Senhor e fora transformado. Foi frequentar a Igreja do Caminho e tornou-se o pastor sênior ali. Sentiu-se direcionado a ser um pacificador em relação à crise das gangues. Então, com dois outros rapazes que haviam sido membros de gangues e um pastor, tiveram total apoio do pastor Jack e da igreja para convocar uma reunião dos principais rivais de gangues de L.A. e discutir um cessar-fogo. A reunião aconteceu no santuário de nossa igreja em um domingo, tendo de antemão sido coberta de fervorosas intercessões. Esses homens não só foram capazes de juntar esse grupo perigoso de membros de gangues, sem incidentes, como também os fizeram declarar trégua. Foi assombroso!

Depois disso, aconteceu uma queda imediata no número de mortes, e o ânimo de toda a cidade mudou. No ano seguinte àquele encontro, não houve assassinatos relacionados a gangues e ocorreu o período de paz tão almejado. Todo participante daquela reunião de oração, envolvendo toda a cidade naquela noite, estava convencido de que aquilo era um milagre em resposta à união de diferentes pessoas para orar pela cidade.

Não estou contando esses relatos sobre nossas reuniões de oração ou sobre nossa congregação para dar a ideia de que somos extraordinariamente cheios de fé. Éramos simplesmente o povo de Deus no meio de uma cidade varrida por tumultos raciais, crimes desenfreados, assassinatos absurdos, terremotos violentos, inundações, incêndios florestais, secas e pornografia infantil, o que muitas vezes parecia ser o meio do inferno. Mesmo assim, Deus começou a despertar em nós amor por aquela cidade e seu povo e a fé de que alguma coisa poderia mudar, se orássemos.

"Nossa luta não é contra carne ou sangue, mas, sim, contra principados e potestades", explicou o pastor Jack. "Se há alguma coisa que sabemos sobre a proporção entre as hostes de Deus e as hostes das trevas é que, pela real evidência bíblica, as hostes celestiais ultrapassam em dobro o número das hostes do inferno (Ap 12.4). E, muito mais que isso, temos nos comprometido a buscar o Deus vivo e, ao nos colocarmos do lado dele, nosso poder e expectativa de vitória aumentam exponencialmente. Satanás sabe que, de todo jeito, tem um curto período de tempo, e, quando o povo de Deus batalha contra ele, existe a promessa de que venceremos os empreendimentos de suas estratégias malignas."

A vitória do Senhor na batalha é certa, mas não acontece automaticamente. Devemos entrar em cena por meio da oração.

Em outra grande reunião de oração que o pastor Jack organizou, o Senhor disse a esse mesmo grupo de pastores para "orar especificamente contra a destruição da cidade de Los Angeles". Não passou muito tempo, três coisas aconteceram sucessivamente: o caso de Rodney King, incêndios devastadores e o terremoto de Northridge. Durante cada um desses acontecimentos, por causa do comprometimento de oração que havia atraído esses pastores, suas igrejas se envolveram em ação e serviço, o que se tornou claramente o pivô da ajuda na recuperação de toda a cidade de Los Angeles após esses eventos traumáticos terríveis.

Um exemplo do poder de orar em conjunto, especialmente de forma que o mundo geralmente não nota, uma vez que a mão de Deus atua de maneira invisível, está relacionado à maneira pela qual nossas orações em relação aos padrões de clima da cidade indubitavelmente mudaram o que poderia ter acontecido. As coisas aconteceram do seguinte modo.

Depois dos tumultos da primavera, muitas pessoas prediziam que o verão que estava por vir testemunharia uma tensão étnica ainda pior e produziria uma repetição da situação pela qual já havíamos passado. As pessoas estavam preocupadas com a possibilidade de, assim que os meses de verão trouxessem altas temperaturas, muita gente sem aparelhos de ar-condicionado ir para as ruas em grande número, e a baderna acontecer novamente. Em resposta a essas previsões, os pastores da cidade sentiram-se direcionados a orar para que houvesse uma amenização no calor do verão. Oramos por isso em nossa congregação também.

No fim da primavera, participei de um café da manhã de oração com o prefeito, no centro de Los Angeles. O pastor Jack dirigiu os presentes àquele encontro em uma poderosa oração, pedindo a Deus que nos desse um clima fresco no próximo verão. Havia mais de mil pessoas participando, e eu podia sentir tremendo fervor e unidade na sala enquanto todos orávamos para que o Senhor refrescasse o clima de nossa cidade.

Como era esperado, aquele verão foi um dos mais frescos de Los Angeles. A camada de ar marinho criou um longo manto sobre a cidade, e o clima foi drasticamente alterado. Morei ali quase quarenta anos e não me lembro de um verão em L.A. ser tão fresco e agradável. A oração do povo de Deus muda as coisas, inclusive o clima. O então prefeito, Tom Bradley, declarou que acreditava que o clima moderado fosse um ato da graça de Deus.

"Há um princípio bíblico de que a multiplicação da parceria em oração multiplica a dimensão do impacto de seu resultado", explicou o pastor Jack. "Isso vem do Senhor, que disse que 'cinco de vós perseguirão a cem, e cem dentre vós perseguirão a dez mil'" (Lv 26.8, RA). Não é uma questão de dizer que Deus se sujeita por causa do número de pessoas orando, mas que há um profundo poder quando há concordância na oração. Concordar é como tocar notas em harmonia. A palavra 'acordo' transmite a ideia de pessoas tendo, todas, a mesma temperatura — o mesmo grau de paixão, o mesmo enfoque (At 2.1; 2.46; 4.24; 5.12). Essa realidade nos convida a orar juntos, crendo da mesma forma, sobre o que é possível para nossas cidades".

O pastor Jack continuou a nos ensinar que, para alcançar harmonia — "um acordo" —, precisamos definir sobre o que vamos orar e compreender as bases bíblicas nas quais esperamos que essas coisas aconteçam.

Isso é o que dá o enfoque certo para nossas orações. "Orar em conjunto por sua cidade requer uma consulta poderosa e atenta do alvo de oração do Espírito Santo", disse o pastor Jack. "Quando unimos sua sugestão (o que Deus põe em nosso coração como questões significativas) com promessas (o que Deus diz que fará quando orarmos), a fé se levanta, e a oração eficaz é levada aos céus."

Por meio da oração, Deus nos chamou a vencer a adversidade, a governar e a ter total domínio sobre os acontecimentos terrenos. Nosso chamado para governar não é tanto no sentido de governo político, mas, sim, de governo espiritual: "Venha o teu reino; faça-se a tua vontade, assim na terra como no céu" (Mt 6.10). Isso é verdadeiro mesmo se vivermos em uma cidade que mereça receber o juízo de Deus. A Bíblia nos dá esperança para acreditar que Deus, em sua misericórdia, resgatará a cidade e a preservará da destruição que lhe é devida se forem encontradas pessoas que se disponham a orar.

Quando Abraão orou por Sodoma a fim de poupar seu sobrinho, Ló, e a família de Ló, ele perguntou a Deus se pouparia a cidade por causa de cinquenta pessoas retas. Deus disse que sim. Ele, então, perguntou se Deus pouparia a cidade por causa de 45. Deus disse que sim. Ele perguntou sobre quarenta pessoas retas. Trinta? Vinte? Dez? Deus nunca parou de dizer sim, até que Abraão parou de perguntar.

"Ouçam o que havia no coração de Deus nessa história", disse o pastor Jack. "Deus está ansioso por lançar julgamento sobre a humanidade? Não. Ele também não estava, nessa história, como não está agora. Aquela cidade era considerada o símbolo da cultura mais perversa e antiDeus do Antigo Testamento. Tanto é que, por suas peculiaridades, Sodoma é uma palavra usada como sinônimo de perversão humana e cultural. Ainda assim, naquele ambiente corrompido, o Senhor disse que salvaria a cidade por causa de dez pessoas. Vamos nos lembrar disso, lembrar-nos de que Deus parou de conceder apenas quando Abraão parou de pedir."

Com que frequência fazemos isso também? Com que frequência paramos de pedir a Deus que derrame do seu Espírito sobre as cidades e que faça obras maravilhosas de salvação e de restauração nas pessoas que vivem nelas? Se Abraão tivesse pedido mais, poderiam Sodoma e Gomorra ter sido poupadas? Talvez. Mas, em todo caso, a Bíblia mostra que Deus está esperando encontrar intercessores, e nada melhor para nossas cidades do que uma igreja que ora.

Não importa em qual cidade você vive, Deus o chama a orar por ela. A Bíblia diz: "Procurai a paz da cidade para onde vos desterrei e orai por ela ao Senhor; porque na sua paz vós tereis paz" (Jr 29.7). Façamos isso. Oremos em conjunto pela paz de nossas cidades. E vamos nos tornar a igreja poderosa em oração que Deus nos chamou a ser.

Poder da oração

Senhor, ajuda-me a ser uma pessoa que alcance outras com teu amor. Capacita-me a fim de que eu possa cruzar barreiras culturais, raciais e denominacionais e até mesmo barreiras eclesiásticas. Ajuda-me a não olhar de forma suspeita para quem seja diferente de mim, mas a apreciar as diferenças como alguém que aprecia as belas cores de um arco-íris. Oro para que eu nunca me afaste nem me separe de pessoas que não gostem de mim. Pelo contrário, ensina-me o melhor caminho para transpor barreiras em amor.

Ajuda-me a estar sempre na igreja que tu desejares, para que eu seja parte da obra que o Senhor realiza naquele lugar. Oro para que eu sempre pertença a uma igreja que adore o teu caminho, que estude a tua palavra de forma clara e equilibrada e que compreenda o poder da oração. Guia os pastores e os líderes de minha igreja para que sejam homens e mulheres dentro da tua vontade. Ajuda-os a compreender claramente o caminho que tens para eles. Ajuda-me e ao restante da congregação a captar a visão deles e a fazer o que for necessário para apoiá-los. Ajuda a nós, pessoas que reconhecem tua missão para nossa igreja e que a perseguimos de todo o coração.

Ajuda-me a andar em unidade com a família da Igreja e capacita-nos a caminhar juntos em harmonia. Onde houver qualquer desunião, oro para que o Senhor traga paz e compreensão. Que tragas redenção e restauração onde for necessário. Sou grato, pois tu, Senhor, és maior que quaisquer dificuldades que possamos enfrentar, e teu amor garante que triunfaremos sobre elas.

Ajuda-me a ser uma pessoa de oração e ensina-nos, como igreja, a ser adoradores. Que nos instruas no que precisamos sobre adoração e louvor de modo que possamos nos tornar intercessores conforme teu chamado. Nós te adoramos porque "Tu és digno, Senhor e Deus nosso, de receber a glória, a honra e o poder" (Ap 4.11). Sei que é bom dar graças ao Senhor em todas as coisas (Sl 92.1), pois essa é tua vontade (1Ts 5.18).

Senhor, oro para que derrames teu Espírito sobre minha igreja. Que cada igreja em minha cidade ouça teu chamado à oração e faça sua parte para que se torne tua igreja poderosa em oração. Oro para que todas as igrejas tratem umas às outras com amor e unam-se em oração por nossa cidade. Que teu amor transborde de cada igreja para as pessoas de todos os lugares, e que elas se tornem, assim, lugares de refúgio para os perdidos e os perseguidos. Que toda igreja receba pessoas de qualquer raça, cultura, cor e grau de instrução.

Senhor, eu te convido para reinar nesta cidade. Derrama teu espírito sobre todos para que sejam atraídos a ti. Abençoa nossa cidade, expondo à luz todos os planos das trevas, de modo que nenhum sistema de iniquidade prevaleça. Remove as fortalezas da maldade de nossa cidade para que haja um fim para o crime, os assassinatos, a perversão e a maldade. Transforma nossas ruas em lugares livres de acidentes e de pessoas más. Abençoa as crianças da nossa cidade. Mostra todo aquele que tentar fazer-lhes o mal, para que sejam repreendidos. Não me deixes esquecer de orar por minha cidade e mostra-me como unir-me em oração a outros também. Longe de mim esteja o pecar contra ti por não orar pela minha cidade (1Sm 12.23).

Sou grato, Senhor, porque tu nos fizeste para ter domínio sobre as obras de tuas mãos e colocaste todas as coisas sob nossos pés (Sl 8.6). Ajuda-nos a aprender a ter domínio em oração, conforme o Senhor nos pediu para fazer. Ajuda-nos a não ficar temerosos quando coisas ruins acontecerem, sabendo que o Senhor é nosso refúgio e nossa força, socorro bem presente na tribulação. Mesmo se o mundo vier abaixo, mesmo se as montanhas se lançarem ao mar, não vamos temer. Graças a ti porque, quando te buscamos e te buscamos de todo o coração, realmente te encontramos (Jr 29.13). Levanta-nos para que sejamos tua igreja poderosa em oração. Em nome de Jesus eu oro.

Poder da Palavra

Quanto a mim, longe de mim que eu peque contra o SENHOR, deixando de orar por vós.

1Samuel 12.23

Pois vosso Pai celeste sabe que necessitais de todas elas; buscai, pois, em primeiro lugar, o seu reino e a sua justiça, e todas estas coisas vos serão acrescentadas.

Mateus 6.32-33

Em todas estas coisas, porém, somos mais que vencedores, por meio daquele que nos amou. Porque eu estou bem certo de que nem a morte, nem a vida, nem os anjos, nem os principados, nem as coisas do presente, nem do porvir, nem os poderes, nem a altura, nem a profundidade, nem qualquer outra criatura poderá separar-nos do amor de Deus, que está em Cristo Jesus, nosso Senhor.

Romanos 8.37-39

Mas, seguindo a verdade em amor, cresçamos em tudo naquele que é a cabeça, Cristo, de quem todo o corpo, bem ajustado e consolidado pelo auxílio de toda junta, segundo a justa cooperação de cada parte, efetua o seu próprio aumento para a edificação de si mesmo em amor.

Efésios 4.15-16

Tomai também o capacete da salvação e a espada do Espírito, que é a palavra de Deus; com toda oração e súplica, orando em todo tempo no Espírito e para isto vigiando com toda perseverança e súplica por todos os santos.

Efésios 6.17-18

1

O poder da igreja que ora para que se cumpra a vontade de Deus

Suely Bezerra

Quando a Igreja de Cristo na terra ora, coisas extraordinárias acontecem. Os últimos dois mil anos de história foram marcados por inúmeros relatos que comprovam essa afirmação. Para tratar desse assunto, precisamos nos voltar para o livro de Atos dos Apóstolos, escrito pelo médico Lucas, que nos mostra o que aconteceu quando a primeira igreja em Jerusalém se reuniu e começou a orar. "Depois de orarem, tremeu o lugar em que estavam reunidos; todos ficaram cheios do Espírito Santo e anunciavam corajosamente a palavra de Deus" (At 4.31)

Atos dos Apóstolos nos mostra que o poder da oração feita em conjunto não é um fenômeno distante, restrito somente à Igreja primitiva; o texto nos desafia hoje a orar para que a Igreja contemporânea também tenha influência e deixe marcas indeléveis e relevantes na sociedade atual. É verdade que os tempos e as circunstâncias mudaram, mas a Bíblia afirma que "Jesus Cristo é o mesmo, ontem, hoje e para sempre" (Hb 13.8).

Aquela igreja inaugural, que aprendeu a orar em meio às tribulações e perseguições, foi marcada por grandes feitos logo após Jesus ser elevado aos céus e o Espírito Santo ser derramado no dia de Pentecoste (cf. At 1—2). Isso ocorreu em uma época de muita oposição por parte do governo e dos religiosos. Nesse contexto, Lucas registra essa oração dos primeiros cristãos:

> De fato, Herodes e Pôncio Pilatos reuniram-se com os gentios e com o povo de Israel nesta cidade, para conspirar contra o teu santo servo Jesus, a quem ungiste. Fizeram o que o teu poder e a tua vontade haviam decidido de antemão que acontecesse. Agora, Senhor, considera as ameaças deles e capacita os teus servos para anunciarem a tua palavra corajosamente. Estende a tua mão para curar e realizar sinais e maravilhas por meio do nome do teu santo servo Jesus.
>
> Atos dos Apóstolos 4.27-30

Quando os cristãos são perseguidos ou vivem momentos de crise aguda, é então que eles mais se voltam para buscar a vontade de Deus de joelhos. Entretanto, a oração precisa ser parte integrante de nossa vida diária e comunitária, pois é por meio dela que temos comunhão com o Senhor Jesus e também crescemos e nos fortificamos na fé. É por intermédio da oração que adquirimos discernimento a respeito de todas as coisas e nosso coração torna-se sensível à voz e à direção de Deus. Ela também nos capacita a tomar as decisões certas e seguras para nossa vida. O filósofo e teólogo dinamarquês Søren Kierkegaard afirmou com propriedade que a função da oração não é influenciar Deus, mas, especialmente, mudar a natureza daquele que ora.

Um dos frutos da oração é gerar em nós a consciência de pecado e nos dispor ao arrependimento para transformação de vida. A oração, imprescindivelmente, deve nos levar às Escrituras Sagradas, e as Escrituras devem nos levar à oração. Como alguém já disse: "A oração é a alavanca do cristão", pois move o coração do homem em direção à vontade de Deus.

A Igreja primitiva em oração

No versículo "Todos eles se reuniam sempre em oração" (At 1.14), a versão bíblica Almeida Revista e Atualizada usa a expressão "perseveravam" em oração. Mesmo em meio a todas as adversidades, os discípulos de Cristo permaneciam constantes e firmes no exercício da oração. Eles tinham uma expectativa não apenas de serem cheios do Espírito Santo, conforme a promessa de Jesus, mas também de cumprirem a missão de ser testemunhas de Cristo até os confins da terra (cf. At 1.8). Foi por meio da oração que essa igreja tornou tudo isso realidade.

Quando a igreja ora segundo a vontade de Deus, os céus se abrem: há conversões genuínas, situações mudam e vidas são transformadas. E não é exatamente esse o desejo do Senhor para a humanidade (cf. 1Tm 2.4)? A maioria dos avivamentos registrados ao longo da história da Igreja começou com um número pequeno de pessoas que se dispuseram a orar e a buscar Deus; e que, pela perseverança e intensidade, inflamaram cidades, povos e nações.

Por isso, uma igreja só será comprometida com a oração quando seus membros o forem primeiro, em sua vida pessoal. Deus quer sacudir nossas estruturas e agir, antes, em nossa vida para, depois, manifestar seu poder ao nos reunirmos em congregação. O fogo do Espírito Santo só desce sobre a igreja onde há cristãos que se reúnem para buscar a vontade divina.

Lucas mostra em Atos dos Apóstolos que um dos fundamentos da Igreja do primeiro século era a oração, sempre acompanhada da ação do Espírito Santo. Tudo era feito com muita oração. Esse estilo de vida era o maior indicativo de que aqueles cristãos buscavam viver a vontade de Deus. Os discípulos oraram, por exemplo, antes de escolher Matias como substituto de Judas: "Depois oraram: 'Senhor, tu conheces o coração de todos. Mostra-nos qual destes dois tens escolhido para assumir este ministério apostólico que Judas abandonou, indo para o lugar que lhe era devido'" (At 1.24-25).

O fato de que a oração era parte integrante e constante da vida diária dos primeiros discípulos fica muito claro em passagens como: "Certo dia Pedro e João estavam subindo ao templo na hora da oração, às três horas da tarde" (At 3.1) e "No dia seguinte, por volta do meio-dia [...], Pedro subiu ao terraço para orar" (At 10.9). A oração e a ministração da Palavra tinham prioridade sobre o serviço: "Irmãos, escolham entre vocês sete homens de bom testemunho, cheios do Espírito e de sabedoria. Passaremos a eles essa tarefa [servir as mesas] e nos dedicaremos à oração e ao ministério da palavra" (At 6.3-4).

Vemos muitos casos específicos em que a oração foi elemento presente. Estêvão, por exemplo, orou no momento mais difícil de sua vida, o da própria morte: "Enquanto apedrejavam Estêvão, este orava: 'Senhor Jesus, recebe o meu espírito'. Então caiu de joelhos e bradou: 'Senhor, não os consideres culpados deste pecado'. E, tendo dito isso, adormeceu" (At 7.59-60). Já Pedro e João oraram pelos samaritanos, confirmando a nova fé que esses professavam: "Os apóstolos em Jerusalém, ouvindo que Samaria havia aceitado a palavra de Deus, enviaram para lá Pedro e João. Estes, ao chegarem, oraram para que eles recebessem o Espírito Santo" (At 8.14-15). Pedro orou para que Dorcas fosse ressuscitada, impactando toda a cidade de Jope: "Pedro mandou que todos saíssem do quarto; depois, ajoelhou-se e orou. Voltando-se para a mulher morta, disse: 'Tabita, levante-se'. Ela abriu os olhos e, vendo Pedro, sentou-se" (At 9.40).

Foi a oração da igreja que promoveu a libertação sobrenatural de Pedro da prisão: "Pedro, então, ficou detido na prisão, mas a igreja orava intensamente a Deus por ele. [...] Repentinamente apareceu um anjo do Senhor, e uma luz brilhou na cela. Ele tocou no lado de Pedro e o acordou. 'Depressa, levante-se!', disse ele. Então as algemas caíram dos punhos de Pedro" (At 12.5,7). Os líderes de Antioquia, por sua vez, oraram antes de enviar Barnabé e Saulo como missionários: "Na igreja de Antioquia havia profetas e mestres [...]. Enquanto adoravam o Senhor e jejuavam, disse o Espírito Santo: 'Separem-me Barnabé e Saulo para a obra a que os tenho chamado'. Assim, depois de jejuar e orar, impuseram-lhes as mãos e os enviaram" (At 13.1-3).

As Escrituras mostram, ainda, o caso de Lídia, cujo coração foi transformado durante uma reunião de oração ao ar livre: "No sábado saímos da cidade e fomos para a beira do rio, onde esperávamos encontrar um lugar de oração. Sentamo-nos e começamos a conversar com as mulheres que se haviam reunido ali. Uma das que ouviam era uma mulher temente a Deus chamada Lídia [...].

O Senhor abriu seu coração para atender à mensagem de Paulo" (At 16.13-14). Nos casos de cura, a oração era um elemento indispensável, como quando Paulo orou e o pai de Públio, governador da ilha de Malta, foi curado: "Seu pai estava doente, acamado, sofrendo de febre e disenteria. Paulo entrou para vê-lo e, depois de orar, impôs-lhe as mãos e o curou" (At 28.8).

Todos esses exemplos mostram como a oração feita de acordo com aquilo que Deus quer surte efeitos maravilhosos e impressionantes.

O QUE ACONTECE QUANDO A IGREJA ORA

No decorrer da leitura de Atos dos Apóstolos, vemos a importância da oração na vida dos discípulos de Jesus e as maravilhas que o Senhor realizou por meio deles. Aqueles homens e mulheres eram fiéis às Escrituras Sagradas porque buscavam a Deus e tinham temor em seu coração. A vida de oração daqueles cristãos demonstra que eles dependiam da vontade de Deus mais do que dos próprios recursos.

Eles também se tornaram sensíveis às necessidades uns dos outros. Adoravam a Deus com alegria e dedicação, pois, quanto mais buscavam o Espírito Santo, mais ele agia em sua vida. Os irmãos se amavam de maneira prática e fraternal, tinham prazer em estar juntos e desfrutavam de íntima comunhão. Havia um só coração e uma só alma (cf. At 2.42-47). Os milagres aconteciam espontaneamente, pois Deus estava presente na vida dessa igreja. Houve, também, um grande crescimento naqueles dias, pois a igreja era simpática, agradável e atraente aos olhos dos de fora. Havia harmonia entre os irmãos e o estilo de vida deles agregava os que eram salvos. Tudo isso produzia muito impacto naquela sociedade.

Quão triste é, hoje, contemplarmos que a igreja tem perdido, em grande parte, essas marcas e esse poder — não porque o Espírito Santo deixou de agir em nossos dias, mas porque muitos deixaram de buscá-lo de todo o coração e em sintonia com sua vontade. Temos confiado mais em nossas habilidades do que no braço do Senhor! Para que a igreja tenha novamente essas marcas e esse poder, é preciso resgatarmos a fidelidade na pregação do verdadeiro evangelho de Jesus Cristo e, também, desafiarmos o povo cristão para o compromisso e a dedicação a uma vida de oração individual e coletiva.

Minha oração é que esse quadro seja revertido e que novamente venhamos a experimentar um poderoso mover de Deus em nossa vida e na igreja, impactando essa geração com o evangelho da graça. A igreja que faz da oração um de seus valores inegociáveis cumprirá a vontade de Deus em sua época e deixará frutos para os tempos que virão.

Deus busca intercessores

Nós não nos tornamos cristãos por acaso ou para viver sem propósito. Sabemos que Deus nos deu um ofício: a oração. São tantas lutas e adversidades nos dias atuais — como drogas, violência, crimes, corrupção e outros males — que, se não houvesse a oração intensa de alguns que abraçaram essa missão, coisas ainda piores estariam acontecendo. A vontade de Deus é que nos importemos com a situação de nosso país e do mundo ao redor e nos ofereçamos a Deus em oração, como instrumentos de transformação e bênção. Que lindo seria se nunca mais tivéssemos de ouvir palavras como: "Procurei entre eles um homem que erguesse o muro e se pusesse na brecha diante de mim e em favor desta terra, para que eu não a destruísse, mas não encontrei nem um só" (Ez 22.30).

Será que estamos realmente praticando o que deveríamos? E mais, será que temos ensinado a próxima geração a orar? É nossa a responsabilidade de reproduzir essa importante prática na vida dos novos cristãos; não podemos esconder das pessoas o que o Senhor tem feito por meio da oração. Esta é a vontade de Deus: "o que ouvimos e aprendemos, o que nossos pais nos contaram. Não os esconderemos dos nossos filhos; contaremos à próxima geração os louváveis feitos do SENHOR, o seu poder e as maravilhas que fez" (Sl 78.3-4). Venho de um lar de mulheres que oravam e que sabiam que tudo acontecia por intermédio da oração. Minha responsabilidade hoje é passar isso para meus descendentes, minha igreja e quantos mais eu puder. Temos de inculcar esse valor nos filhos e nos irmãos na fé; explicar para eles a importância da oração e alertá-los de que Deus age em tudo por meio dela. Se eu não tivesse essa compreensão, muitas lutas e problemas que tive não teriam sido resolvidos. Mas, pela graça e pela misericórdia de Deus, eu aprendi o caminho das respostas que vêm quando nos colocamos de joelhos e oramos segundo a vontade divina.

Muitas pessoas vivem dias de felicidade e paz em nossa geração por causa de alguém ou de algum grupo de cristãos que se dispuseram a orar por elas. Deus honra a oração! Quando você ora por si, por seu cônjuge, pela família, por seu trabalho e pela igreja, saiba que o Senhor ouve seu clamor. A Bíblia diz que sua oração sobe como incenso perfumado diante de Deus, e ele responde. Quando dobramos os joelhos e oramos, fechamos as brechas por onde Satanás poderia atacar.

E atenção: orar segundo a vontade de Deus não é interceder apenas por nós mesmos. Temos de exercer compaixão e sentir a dor do outro, ou seja, pôr-se no lugar das pessoas e sentir o problema delas. Quando oramos pelas necessidades, lutas e aflições do próximo, Deus age também em nosso favor — essa é a oração de intercessão. "Depois que Jó orou por seus amigos, o SENHOR o tornou novamente próspero e lhe deu em dobro tudo o que tinha antes" (Jó 42.10).

Devemos orar sozinhos? Sim (cf. Mt 6.6), mas também devemos orar junto com a igreja, em sinergia. Segundo o dicionário, *sinergia* é o esforço coordenado de vários órgãos na realização de uma função.[1] No Corpo de Cristo, isso acontece quando, para vencer um inimigo qualquer (como pecados, tentações, crises, vícios e maldade), nos aliamos a outras pessoas. Quando somos mais do que um, nossa força se multiplica sobremaneira. Pela matemática, 1 + 1 = 2. No Corpo de Cristo, 1 + 1 é força suficiente para derrotar um exército. Isso é sinergia! "Cinco de vocês perseguirão cem, cem de vocês perseguirão dez mil, e os seus inimigos cairão à espada diante de vocês" (Lv 26.8).

A IMPORTÂNCIA E A URGÊNCIA DA ORAÇÃO

No Antigo Testamento, o muro era a proteção principal da cidade. Não poderia haver brechas, pois isso daria oportunidade ao inimigo de invadi-la. Onde houvesse uma brecha, os homens se perfilavam e ficavam a postos para defender-se de qualquer ataque inesperado. Fazendo uma analogia, podemos pensar: quantas vezes damos brechas ao nosso maior inimigo? Graças a Deus, temos a igreja e os irmãos para orar conosco e por nós. Se não fosse assim, já estaríamos liquidados. Essa é a importância da oração e a vontade do Senhor.

Em Ezequiel 22, vemos a situação de Jerusalém. O início do capítulo mostra que ela havia se tornado uma cidade sanguinária, violenta e cheia de iniquidade. Prosseguindo na leitura, descobrimos que seus líderes diziam mentiras e amenizavam o pecado. Deus alertava que todo esse mal poderia ser evitado se houvesse alguém na brecha para orar por aquela cidade. Mas, lamentavelmente, ele não encontrou ninguém. Façamos uma comparação com nossos dias: será que essa não é a mesma condição das nossas cidades? E essa percepção não nos deveria chamar para um senso de urgência?

A percepção da importância e da urgência da oração enche meu coração de temor. O Senhor está falando conosco e expressando sua vontade. Nos tempos do profeta Ezequiel, Deus não encontrou ninguém para posicionar-se na brecha da intercessão, porque todos estavam muito ocupados com a própria vida e não com as necessidades da cidade, da igreja ou da família. Não tinham tempo para a oração nem se interessavam por ela. E hoje?

É tempo de orar! Lamentavelmente, entra ano e sai ano, nosso país não melhora. A autoridade dos pais está enfraquecendo. A injustiça com os pobres e desamparados só aumenta. Práticas ilícitas são utilizadas para enriquecimento pessoal. Líderes eclesiásticos se envolvem em pecados sexuais. Deus tenha misericórdia! É urgente que oremos. É tempo de a igreja despertar para isso, pois, assim como o Senhor tem nos abençoado, ele também pode abençoar nossa cidade se nos dispusermos a cumprir sua vontade e nos dedicarmos à intercessão.

Os "muros" de muitas pessoas estão com fendas, e isso é muito perigoso. Felizmente, Deus tem convocado um exército de intercessores para vigiar essas aberturas e não vamos descansar até que todas estejam fechadas. "Coloquei sentinelas em seus muros, ó Jerusalém; jamais descansarão, dia e noite. Vocês que clamam pelo SENHOR, não se entreguem ao repouso, e não lhe concedam descanso até que ele estabeleça Jerusalém e faça dela o louvor da terra" (Is 62.6-7).

Você pode estar enfrentando um problema com o cônjuge, os pais ou os filhos. Talvez a luta seja em seu trabalho. Ou pode ser que tenha sentido a dor de sua cidade e de nossa nação, com todos seus problemas, injustiças e desigualdades. Pode até ser que você tenha visto divisões e confusões dentro da igreja. A coisa mais importante a se fazer nesses casos é orar, pedindo que se cumpra a soberana vontade divina. Convoque mais pessoas para estar com você, para que orem juntos e creiam. Coisas novas e maravilhosas acontecerão!

As Escrituras garantem: "Se o meu povo, que se chama pelo meu nome, se humilhar e orar, buscar a minha face e se afastar dos seus maus caminhos, dos céus o ouvirei, perdoarei o seu pecado e curarei a sua terra" (2Cr 7.14). Você é um intercessor. Creia nisso! Deus já nos deu todas as ferramentas para uma oração eficaz. Ore por sua casa, família, igreja, cidade e nação. Mas não fique só; chame outros para orar com você. Mobilize sua igreja. Deus vai ouvir sua oração e creio que a resposta logo chegará.

Um plano de sucesso

Já vimos que a oração é uma força espiritual por meio da qual Deus libera poder sobrenatural para suprir as necessidades de seu povo e estabelecer comunhão diária conosco. A oração não deve ser um peso, mas uma fonte de satisfação e prazer. Ela nos dá a sensibilidade de que precisamos para ouvir a voz de Deus. Não há nada que sirva de obstáculo, nenhuma limitação, circunstância ou adversidade que seja capaz de impedir o poder de Deus ser liberado em resposta à nossa oração.

Precisamos dar uma resposta pessoal diante do desafio de orar segundo a vontade divina. Qual é o seu plano para a vida de oração, visto que ela precisa ser prioridade na vida do cristão? O apóstolo Paulo diz que devemos orar sem cessar (cf. 1Ts 5.17, RA). Se passamos um dia sem comer, nosso corpo sente; se continuamos assim, enfraquecemos, adoecemos e podemos até morrer. Na vida espiritual, o princípio é o mesmo: se não nos alimentamos de Deus, morremos para ele. Por isso, devemos nos saciar de sua Palavra e nos encher do Espírito Santo, por meio de uma vida genuína de oração.

Nosso tempo com o Senhor deve ser o mais importante de nossos dias. O avivalista inglês John Wesley dizia que Deus não faz nada sobre a terra a não ser em resposta à oração do justo (cf. Tg 5.16). Se queremos ver cumprida a vontade de Deus, precisamos ter um plano, um projeto definido de oração. Uma vida devocional ajuda a desenvolver uma relação pessoal com Jesus (cf. Sl 105.4); além disso, nossa mente se torna limpa e livre de todo pensamento contrário à vontade do Senhor (cf. Fp 4.8).

Jesus despertava em seus discípulos o desejo de orar (cf. Lc 11.1). Ele também nos deixou uma oração-modelo, o pai-nosso (cf. Mt 6.9-13), uma síntese em que encontramos louvor, gratidão e petições. Nela está a declaração de compromisso em ver o reino de Deus implantado neste mundo e a vontade de Deus cumprida: "Venha o teu Reino; seja feita a tua vontade, assim na terra como no céu" (v. 10).

A oração que será atendida é aquela que está em concordância com a vontade de Deus. Por isso, quanto mais conhecermos o Senhor e seus desejos, mais poder terá nossa oração. Tiago nos ensina que o Todo-poderoso não responde às orações feitas com motivações erradas e provenientes de um coração egoísta e hedonista: "Quando pedem, não recebem, pois pedem por motivos errados, para gastar em seus prazeres" (Tg 4.3).

De hoje em diante, estabeleça como meta ser uma pessoa de oração e comunhão com Deus. Não se sobrecarregue de atividades irrelevantes. O objetivo mais importante de nossa vida é sermos homens e mulheres com profundo temor e fidelidade ao Senhor; e alcançaremos isso mediante uma vida devocional diária com ele. Que Deus nos ajude a cumprir esse compromisso!

A vontade de Deus

Até aqui, vimos a importância e os resultados da oração na vida da Igreja no primeiro século, bem como o desejo de Deus de que seus filhos se comprometam fielmente com a intercessão. Mas resta-nos uma reflexão: qual é exatamente a vontade de Deus? Pelo que devemos orar? Hoje em dia, há um movimento que promove uma oração egoísta e materialista, visando apenas à satisfação pessoal, aos interesses próprios e à prosperidade financeira. Também há uma busca mística por poder que não tem outra finalidade senão a vanglória e a vaidade dos homens (cf. At 8.18-21). E nada está mais em desacordo com a vontade divina do que isso.

Precisamos nos voltar urgentemente para a Bíblia, a fim de corrigir essa mentalidade e reaprender a orar segundo o querer divino (cf. Lc 22.42). A vontade de Deus é:

- Que sua Palavra seja anunciada com intrepidez a todos os povos; que todos os impedimentos para a evangelização do mundo caiam por terra e toda a humanidade possa ouvir a respeito de Jesus; e que a Igreja perseguida seja fortalecida e suprida em suas necessidades para o cumprimento de sua missão. "E disse-lhes: 'Vão pelo mundo todo e preguem o evangelho a todas as pessoas. Quem crer e for batizado será salvo...'" (Mc 16.15-16).
- Que todos os homens sejam salvos e conheçam a verdade; que a luz da Palavra de Deus resplandeça e ilumine a vida e a mente daqueles que estão perecendo sem salvação; e que nenhum se perca; antes, sejam transformados em discípulos de Cristo e ensinados segundo os princípios contidos na Bíblia. "Da mesma forma, o Pai de vocês, que está nos céus, não quer que nenhum destes pequeninos se perca" (Mt 18.14).
- Que as pessoas sejam curadas e libertas (cf. Tg 5.15); que o homem seja restaurado em sua vida física, emocional, relacional e familiar; e que o sacrifício de Cristo na cruz e o poder de sua ressurreição promovam saúde abundante. "[...] imporão as mãos sobre os doentes, e estes ficarão curados" (Mc 16.18).

• Que sejamos santificados e cheios do Espírito Santo (cf. 1Pe 1.15-16); que nossa vida seja íntegra, justa, de boa reputação e digna diante de todos; e que sejamos o reflexo da vida santa de Cristo no meio dessa geração perversa e corrupta. "A vontade de Deus é que vocês sejam santificados: abstenham-se da imoralidade sexual" (1Ts 4.3).

• Que sejamos intercessores em favor de todos os homens; e que o próximo ocupe um lugar privilegiado em nossas petições. "Antes de tudo, recomendo que se façam súplicas, orações, intercessões e ações de graças por todos os homens; pelos reis e por todos os que exercem autoridade, para que tenhamos uma vida tranquila e pacífica, com toda a piedade e dignidade. Isso é bom e agradável perante Deus, nosso Salvador" (1Tm 2.1-3).

• Que a justiça seja defendida e amplamente implantada em nossa sociedade (cf. Tg 1.27); que as injustiças sejam denunciadas; que sejam defendidos os direitos dos cidadãos menos favorecidos, dos pobres, dos que sofrem preconceitos, dos explorados, dos que passam dificuldades e dos desamparados; e que a violência e a corrupção cessem e haja paz e prosperidade em nossas cidades. "Lavem-se! Limpem-se! Removam suas más obras para longe da minha vista! Parem de fazer o mal, aprendam a fazer o bem! Busquem a justiça, acabem com a opressão. Lutem pelos direitos do órfão, defendam a causa da viúva" (Is 1.16-17).

• Que o Diabo seja neutralizado em suas ações malignas (2Tm 2.25-26); que as obras das trevas sejam frustradas e destruídas; e que as pessoas presas ou oprimidas por demônios sejam libertadas e escapem das armadilhas de

Satanás. "Portanto, submetam-se a Deus. Resistam ao Diabo, e ele fugirá de vocês" (Tg 4.7).

- Que sejamos agradecidos (Cl 4.2); e que nos lembremos com gratidão de todos os benefícios que temos recebido das mãos do Senhor. "Deem graças em todas as circunstâncias, pois esta é a vontade de Deus para vocês em Cristo Jesus" (1Ts 5.18).

Certamente, há outros pontos que poderiam ser acrescentados a essa lista. Mas, quando a igreja se volta para o principal e se compromete com a oração a fim de que a vontade de Deus se cumpra na vida das pessoas e no mundo ao redor, o Espírito Santo vem com poder e realiza todas essas coisas. Vamos orar?

Poder da oração

Pai amado, ensina-nos a orar e levanta-nos nesses dias como intercessoras. Move tua Igreja na direção da tua vontade soberana, para que o teu reino seja implantado em toda a terra. Capacita-nos a anunciar corajosamente o evangelho da salvação a todas as pessoas. Silencia a voz daqueles que corrompem a tua Palavra. E abre as portas para que Cristo seja pregado em lugares onde hoje a proclamação do evangelho ainda é proibida.

Peço que o coração dos homens se renda ao Espírito Santo e todos sejam convencidos do pecado, experimentem um genuíno arrependimento e recebam, pela fé, a salvação que há em Cristo Jesus. Derrama teu Espírito sobre tua Igreja, capacitando teu povo a viver uma vida santa, justa e reta diante de ti e de todos os homens. Que a santidade seja a marca maior dos cristãos em todo o mundo.

Pai querido, ministra saúde e restaura a vida física e emocional daqueles que estão enfermos, em casa e nos hospitais, e sofrem com toda sorte de angústias e dores. Que haja cura para os doentes, consolo para os enlutados e misericórdia para os aflitos. Fortalece as famílias, tão atacadas nestes dias, e livra teus filhos e filhas de todo mal e dos ataques demoníacos.

Que nossos bairros e cidades e o nosso país sejam administrados por pessoas íntegras e corretas, promotoras do bem e da paz. Levanta governantes segundo o teu coração. Traze à luz a corrupção, os desmandos e os crimes, para que se faça justiça e haja prosperidade em nossa nação. Que a violência ceda e dê lugar a uma vida tranquila e feliz.

Senhor, que Satanás seja repreendido e que as vidas aprisionadas por ele sejam libertas e te conheçam como o Pai amoroso que és. Usa-nos como instrumentos nas tuas mãos para amparar o pobre, cobrir o que está nu, visitar os presos, alimentar os famintos, levantar os abatidos.

Agradecemos por todos os benefícios que temos recebido com abundância. E que tudo isso seja para a tua glória e ocorra segundo a tua vontade. Em nome de Jesus. Amém.

Poder da Palavra

De hoje em diante os meus olhos estarão abertos e os meus ouvidos atentos às orações feitas neste lugar.

2Crônicas 7.15

Busquem a prosperidade da cidade [...] e orem ao Senhor em favor dela, porque a prosperidade de vocês depende da prosperidade dela.

Jeremias 29.7

Também lhes digo que se dois de vocês concordarem na terra em qualquer assunto sobre o qual pedirem, isso lhes será feito por meu Pai que está nos céus. Pois onde se reunirem dois ou três em meu nome, ali eu estou no meio deles.

Mateus 18.19-20

Eles se dedicavam ao ensino dos apóstolos e à comunhão, ao partir do pão e às orações.

Atos dos Apóstolos 2.42

Dediquem-se à oração, estejam alerta e sejam agradecidos. Ao mesmo tempo, orem também por nós, para que Deus abra uma porta para a nossa mensagem, a fim de que possamos proclamar o mistério de Cristo, pelo qual estou preso. Orem para que eu possa manifestá-lo abertamente, como me cumpre fazê-lo.

Colossenses 4.2-4

Esta é a confiança que temos ao nos aproximarmos de Deus: se pedirmos alguma coisa de acordo com a vontade de Deus, ele nos ouvirá.

1João 5.14

2

O poder da igreja que ora por avivamento

Nancy Gonçalves Dusilek

A oração é a força que nos move e nos sustenta. Quando o apóstolo Paulo faz a descrição da armadura do cristão em Efésios 6.10-20, ele cita cada peça e sua finalidade, mas, ao encerrar a descrição, estabelece a oração como a fita que enlaça tudo e ainda repete três vezes essa necessidade (v. 18-19). Não podemos viver sem oração. Oramos pelos mais diversos assuntos, pessoais ou não. Somos desafiados a orar, como Igreja, por avivamento. Queremos, realmente, um avivamento entre nós? O que é avivamento? Quais são os seus resultados? O que eu posso fazer nesse sentido? Essas são perguntas que surgem naturalmente ao se refletir sobre o assunto.

Quando se digita a palavra *avivamento* no *site* de buscas Google, logo aparecem algumas fotografias e ilustrações relacionadas a fogo. Considero estranha essa ligação, pois, quando falamos sobre o poder da igreja que ora por avivamento, não penso em uma igreja "pegando fogo", mas em ações concretas e poderosas do Espírito Santo que transformam cristãos e alcançam não cristãos.

A palavra *avivamento* vem do latim. O termo é derivado do adjetivo *vivus, a, um*, com significado de "vivo", "cheio de vida", "ardente"; e também de *vivo, is, erê, vichi, victum*, com significado de "viver", "ter vida" — o que originou o verbo "avivar", em português. O sufixo *amento* que se liga aos verbos da primeira conjugação torna o termo mais fértil, produtivo, fecundo. *Avivamento* refere-se, portanto, a uma vida cheia e intensa. É bom registrar que avivamento e despertamento espiritual são termos usados em seu amplo sentido.

A Bíblia, nosso livro-texto e normatizador, nos apresenta a Trindade divina e suas formas de manifestação. Começa com o Antigo Testamento, com ênfase em Deus Pai e em suas realizações na criação do mundo e do ser humano, e prossegue pela caminhada com o povo de Israel, até a vinda do Messias. Depois vêm os Evangelhos, que apresentam a chegada do Filho prometido e seu ministério na terra. De Atos dos Apóstolos até Judas, encontramos a ação do Espírito Santo ao implantar e dirigir sua Igreja e ao apresentar as normas para uma vida de compromisso. A Bíblia finaliza com Apocalipse, onde a ação das três pessoas da Trindade, em conjunto, fala sobre o final de tudo. A Bíblia é completa.

O livro de Atos dos Apóstolos deveria ser chamado, na opinião de muitos estudiosos, de Atos do Espírito Santo. Os acontecimentos descritos em suas páginas são, na realidade, obra do Espírito; os apóstolos são apenas ferramentas humanas utilizadas para implantar o plano de Deus no mundo por meio da Igreja de Cristo. O livro apresenta o Jesus ressurreto e a promessa do Espírito Santo, que é o poder para executar a missão de levar o evangelho a todo o mundo. "Mas receberão poder quando o Espírito Santo descer sobre vocês, e serão minhas testemunhas em Jerusalém, em toda a Judeia e Samaria, e até os confins da terra" (At 1.8). A descida do Espírito Santo no dia de Pentecoste foi a confirmação de Deus em seu plano total.

É interessante observar que a ação do Espírito começa em uma sala com as portas trancadas e se expande até chegar a Roma, a capital, e dali para o restante do mundo. Os apóstolos são surpreendidos com um som "como de um vento muito forte, e [que] encheu toda a casa na qual estavam assentados. E viram o que pareciam línguas de fogo, que se separaram e pousaram sobre cada um deles" (At 2.2-3). O uso dos termos *como* e *pareciam* aponta um esforço humano de descrever o que estava acontecendo naquele momento. O resultado foi que os apóstolos começaram a falar, e o povo entendeu a mensagem. O texto menciona as diferentes nacionalidades presentes (v. 9-11) e por três vezes assinala que aquelas pessoas entendiam o que era dito em seu idioma ou língua materna (v. 6,8,11).

Esse evento, da forma que aconteceu, só se deu uma vez na história. Naquele contexto histórico, era preciso haver uma ação sobrenatural para que o povo entendesse a proposta salvadora de Jesus para todas as nações. E ali isso foi confirmado quando entenderam a mensagem. Hoje, precisamos aprender o idioma de um povo para lhe falar do amor de Deus. Tomemos como exemplo o encontro do Congresso Lausanne de Evangelismo realizado na África do Sul, em 2010. Eram 4.500 congressistas, representando mais de cem nações, mas as preleções eram feitas, na maioria, em inglês, com tradução para outras línguas. Se o Pentecoste se repetisse ali, o preletor falaria em japonês, mandarim, alemão ou qualquer outra língua e todos o entenderíamos como se estivesse sendo pregado em português, por exemplo. O que, obviamente, não aconteceu.

O apóstolo Pedro é tremendamente usado pelo Espírito Santo no dia de Pentecoste, ao fazer uma pregação baseada em Joel 2.28-32. Ele conhecia o texto do Antigo Testamento e o citou conforme vemos em Atos dos Apóstolos 2.14-24. Ao citar Joel, Pedro faz uma ligação entre a profecia antiga e aquilo que seus ouvintes viviam.

O que é um avivamento?

Muitos entendem avivamento como "línguas de fogo" tomando conta de um grupo de pessoas, em que algumas começam a falar de forma não compreensível. Se, como já observamos, a palavra *avivamento* vem do verbo *avivar,* que é "dar brilho", "realçar", na realidade, o avivamento é dar brilho ao evangelho e, por conseguinte, à Igreja. É realçar sua missão, é torná-la real e presente neste mundo.

Creio que algumas pessoas confundem avivamento com êxtase, emoções fora de controle, gritarias e atitudes de euforia ou até de vaidade, posto que alguns se acham superiores porque "têm o dom do Espírito". Todos os salvos por Jesus têm o Espírito Santo em sua vida. Ele não faz alardes, nem *marketing* sobre isso. Simplesmente nos ajuda a viver segundo a vontade de Deus. Gosto de uma frase do evangelista D. L. Moody: "Uma visão consagrada produzirá uma impressão mais profunda. Os faróis não carregam nenhuma buzina; eles apenas brilham". É assim que o Espírito Santo age em nossa vida, brilhando e dando testemunho real da graça de Deus.

Muitos confundem avivamento com grandes cruzadas evangelísticas ou passeatas feitas por diversas igrejas locais. "Tocam muita buzina", mas, em geral, brilham pouco. Avivamento verdadeiro não é um movimento de fora para dentro, algo passageiro que aparece e desaparece de acordo com o gosto de seus líderes. Avivamento não é obra humana, mas de Deus. Não é agenda nossa, mas dele. No avivamento, o Espírito Santo trabalha em duas linhas: vivificando e capacitando os crentes e, ao mesmo tempo, regenerando pecadores. Ele trabalha dentro do coração humano. No avivamento, esses dois fatos são simultâneos, pois a Igreja de Cristo está totalmente sob o controle do Espírito e, assim, a luz brilha mais longe e as pessoas entendem que não têm saída. É com Jesus Cristo ou nada. "A essência do verdadeiro avivamento é que o Espírito Santo desce sobre um grande número de pessoas simultaneamente... é uma visitação, um derramamento do Espírito Santo. É Deus se movendo entre seu povo renovando e revigorando suas vidas por meio da terceira pessoa da Trindade".[1]

Mesmo considerando que o avivamento é obra de Deus por meio do Espírito, nós podemos orar pedindo ao Senhor que realize essa obra. É ele quem vai determinar onde, como e quando, mas podemos e devemos orar sobre isso. E, além da oração, há necessidade de arrependimento. Em 2Crônicas 7.14 lemos: "*Se* o meu povo, que se chama pelo meu nome, se humilhar e orar, buscar a minha face e se afastar dos seus maus caminhos, dos céus o ouvirei, perdoarei o seu pecado e curarei a sua terra". Repare que o texto bíblico diz *se*. Uma pequena palavrinha, uma sílaba só, que muda todo o sentido. É uma condição.

Aceita-se ou não. É uma decisão pessoal. É preciso haver a disposição de se humilhar, orar, buscar o Senhor, deixar o pecado para trás. Aí Deus entra em ação.

Se queremos um real avivamento, um despertamento espiritual em nossa igreja local e nas igrejas evangélicas do Brasil e do mundo, precisamos, primeiro, do arrependimento dos caminhos tomados até agora, caminhos que mostram setores da igreja interessados em bens materiais, sucesso empresarial, números do rol de membros, templos suntuosos, líderes "estrelas" promovidos em grandes eventos e outros. Precisamos "voltar ao primeiro amor".

A igreja de Atos dos Apóstolos era pequena e se reunia em casas e, mesmo assim, o Espírito Santo se manifestou no meio dela de maneira singular. Não importa o lugar nem o número de pessoas, mas, sim, o que elas estão buscando. Esse é o espaço que damos a Deus para que ele atue. O problema é que queremos fazer ao nosso jeito e à nossa moda. John Armstrong escreve:

> O avivamento verdadeiro é a intervenção soberana do Espírito Santo de Deus, o Espírito de Pentecostes, movendo-se impetuosa e poderosamente por toda a igreja visível, ao abençoar o ministério normal da Palavra de Deus e a oração na vida, tanto dos crentes veteranos quanto dos novos convertidos. Podemos entender isso como uma temporada extraordinariamente intensa de bênçãos sobre o cristianismo normal, neotestamentário.[2]

Avivamento na Bíblia e na história

É fundamental entender que o avivamento também ocorre pelo ensino da Palavra. Esse fato está sendo esquecido pela Igreja de Cristo em nossos dias. O poder da igreja que ora pelo avivamento vem pelo conhecimento da Palavra de Deus. Temos reuniões de todos os tipos, mas os encontros de estudo sério da Bíblia estão, aos poucos, sendo esquecidos em nossas agendas. Como teremos um real avivamento se não estamos *devorando* a Palavra de Deus? Uso o termo *devorando* propositadamente, porque estamos numa sociedade sem fome pelas Escrituras. Em certos âmbitos, parece que qualquer palavra serve, especialmente aquela que vem ao encontro de nossos interesses pessoais. Mas precisamos é da Palavra de Deus, pois é ela que nos alimenta, sustenta, exorta e direciona. Quando estudamos a Bíblia a fundo, percebemos quão longe estamos do ideal divino e, então, nos prostramos, arrependidos. Desse modo, o Espírito tem livre acesso para operar da forma que achar melhor. Há diferentes situações descritas na Palavra em que a liderança leva o povo de Deus a uma contrição diante dos pecados cometidos.

Um exemplo é Neemias. Gosto de ler o livro que conta os feitos desse homem corajoso, que viveu o sofrimento de estar no cativeiro em terra estranha. Chama minha atenção, em especial, a ocasião na qual ele reúne o povo na praça principal de Jerusalém, no local chamado porta das Águas, não para assistir a um *show* de algum cantor ou banda famosa, mas para que o povo ouvisse a Palavra. Esdras, o escriba, leva o livro — na realidade um grande rolo (provavelmente de pergaminho) — até a praça. O sacerdote, em pé, ladeado por alguns líderes, lê e explica o texto durante sete dias, seis horas por dia (cf. Ne 8.3,18). Como parte do povo não falava hebraico, mas aramaico, os líderes ensinadores traduziam e explicavam.

É interessante que o povo ouve a Palavra e se põe a chorar. "Então Neemias, o governador, Esdras, o sacerdote e escriba, e os levitas que estavam instruindo o povo disseram a todos: 'Este dia é consagrado ao SENHOR, o nosso Deus. Nada de tristeza e de choro!' Pois todo o povo estava chorando enquanto ouvia as palavras da Lei" (v. 9). Neemias chama a atenção das pessoas, dizendo: "Podem sair, e comam e bebam do melhor que tiverem, e repartam com os que nada têm preparado. Este dia é consagrado ao nosso Senhor. Não se entristeçam, porque a alegria do SENHOR os fortalecerá" (v. 10). A ação do Espírito nos prostra, mas, ao mesmo tempo, nos alegra pela manifestação evidente das misericórdias de Deus. Já pensou se isso acontecesse no Brasil de hoje? Qual seria a nossa reação? Já pensou ficar seis horas por dia, durante sete dias, ouvindo ensinos sobre a Palavra? Já nos cansamos com trinta ou quarenta minutos de uma pregação, que dirá diante de uma situação como essa?

Lembremo-nos de outra passagem das Escrituras. Êxodo 32—33 relata que, quando Moisés foi receber do Senhor as tábuas da Lei, a demora do profeta para retornar levou o povo de Israel a construir um bezerro de ouro. Moisés aparece, vê a situação e, irado, quebra as tábuas. O líder hebreu lamenta a postura do povo, mas intercede por ele: "Mas agora, eu te rogo, perdoa-lhes o pecado; se não, risca-me do teu livro que escreveste" (Êx 32.32). Moisés, um grande líder, ora pelo povo diante de Deus com coragem e ousadia, mostrando-se um grande guerreiro na intercessão. Sua oração demonstra contrição, arrependimento e total submissão à vontade do Senhor. Quando isso ocorre, abrimos espaço para Deus agir.

Outro importante líder hebreu, Samuel, levou o povo a se reunir em Mispá (1Sm 7.5-6) para orar, jejuar e confessar seus pecados, pois aqueles homens e mulheres estavam adorando deuses estranhos, o que entristeceu o Senhor. Pensando em nossos dias, me pergunto quantos deuses estranhos estamos cultuando em nosso meio, impedindo, com isso, espaço para arrependimento e confissão — sem os quais o Espírito não faz a sua obra entre nós.

Lemos ainda histórias como a de Joiada (2Cr 23.16), que reconduziu o povo a uma aliança com o Senhor, a ponto de a população destruir o templo da divindade pagã Baal e se voltar totalmente para Deus. Josias é outro exemplo: quando recebeu o Livro da Lei (2Cr 34.31-33), que estava perdido, e convocou o povo para ouvir, todos tomaram a decisão de cumprir o que estava escrito. Estabeleceu-se, assim, uma aliança de compromisso. Que dizer então de Esdras (Ed 8.21-23), que conclamou o povo a uma busca de pureza diante das práticas transgressoras das nações circunvizinhas, em um ato de obediência e busca do Deus de Israel? Joel também é um exemplo que merece destaque. O profeta desafiou o povo a se voltar totalmente ao Senhor, com jejum, choro e lamentações e com o rasgar de seu coração e não de suas vestes (Jl 1.13; 2.12-17). Com essa atitude, ele mostrou que não adianta rasgar a roupa se o coração é soberbo e autossuficiente. A volta ao Senhor deve ser de todo o coração, com choro e total quebrantamento, pois isso move o coração de Deus. Quando isso ocorre, as bênçãos chegam. Leia todo o livro de Joel e repare que até a natureza rejuvenesceu diante da atitude do povo (Jl 2.18-28). Quando a Igreja de Cristo busca o real avivamento com mudanças de atitude e total contrição, todos são beneficiados — inclusive a própria natureza.

O derramamento do Espírito Santo no dia de Pentecoste marca o início de uma nova fase na história. Atos dos Apóstolos registra a ação divina em Jerusalém, em Samaria, em Antioquia da Síria, em Éfeso e em outros locais. É fascinante perceber como Deus tem o controle da história. Tudo é estrategicamente preparado para que seu povo não fique abandonado. O amor de Deus pelos seres humanos é tão grande que ele nunca os deixa sós, mas em todo tempo providencia companhia divina.

É importante ressaltar que a obra de Deus sempre é completa. Ao ler a história do agir do Espírito Santo, encontramos em todos os casos uma história de oração. Ela é o segredo de todos os grandes avivamentos do passado, seja no período bíblico, seja nos dois mil anos que se seguiram. E a história tem muito a contar dessa caminhada até nós. Quando há o mover do Espírito, os cristãos se tornam mais comprometidos, oram mais e buscam se aprofundar mais na Palavra. Com isso, alcançam mais pessoas, por causa do testemunho e, dessa forma, o espírito missionário é ampliado. É como uma cascata que leva água boa para todos os lados.

Nossos desafios hoje

E aí? Queremos igrejas evangélicas brasileiras "pegando fogo", abarrotadas de gente, para mostrar à sociedade que somos muitos ou para mostrar que nossas lideranças têm muito carisma (mesmo que não seja acompanhado de caráter)? Ou queremos igrejas totalmente comprometidas com os valores do reino, que façam diferença em uma sociedade corrompida, cujos valores éticos e morais estão se diluindo?

Nossa sociedade é "líquida". "Sociedade líquida" é uma expressão criada pelo sociólogo polonês Zygmunt Bauman, para quem vivemos "tempos líquidos", ou seja, nos quais nada é feito para durar — portanto, falta solidez. Os relacionamentos escorrem das nossas mãos por entre os dedos feito água. Acostumadas ao mundo virtual e à facilidade de se "desconectar", as pessoas não conseguem manter um relacionamento de longo prazo. Por isso, as relações se tornam instáveis. Por essa lógica, se alguém não gosta do que um conhecido postou nas redes sociais, basta eliminar aquele "amigo" de seus contatos e o assunto "está resolvido". E a Igreja está embarcando nesse pensamento amparado em valores frágeis e voláteis.

A igreja deve ser uma autoridade moral e espiritual que denuncie os maus caminhos sem ser acusada. Este é o nosso papel: fazer a diferença. Estamos realmente cumprindo esse papel? O número de evangélicos no Brasil aumentou nas últimas décadas, mas será que a sociedade melhorou? Será que não estamos inchando em vez de crescendo? A verdade é que, em grande parte, temos dado mais valor aos números do que aos compromissos de cristãos dominados pelo Espírito Santo. Se continuarmos nesse caminho, nunca faremos a diferença com que sonhamos e a qual desejamos.

Ao ler a Palavra de Deus e constatar a ação divina por meio do Pai, do Filho e do Espírito Santo, não temos como fugir à nossa responsabilidade. Somos filhos por adoção, salvos pelo sacrifício de Cristo e sustentados pelo Espírito Santo. Tudo à disposição do ser humano para seu bem. É Deus providenciando tudo por meio de sua graça. A descida do Espírito foi prometida por Jesus (Jo 15.26;

16.7-8,13), que o denominou *parákletos*. Essa palavra grega é composta de duas partes: *para* significa "ao lado de" e *kletos*, "aquele que é chamado". Portanto, *parákletos* seria "alguém chamado para estar ao lado de outro" (daí algumas traduções em português traduzirem esse termo por *conselheiro* e outras por *consolador*).

Fato é que não estamos sozinhos. O Espírito Santo está ansioso por nossa disposição em buscar a santidade. Aliás, os termos *santidade* e *sanidade* estão vinculados e se diferenciam em nosso idioma apenas por uma simples letra. Para haver sa*nti*dade é preciso necessariamente haver sa*ni*dade. Pessoas espiritual e emocionalmente saudáveis podem ter sanidade e santidade e serem bênçãos para todos. Precisamos dessa restauração da santidade junto com a sanidade na vida de nosso povo cristão. O grande problema é quando vemos pessoas buscarem santidade sem, no entanto, demonstrar sanidade, em manifestações estranhas. Essa distorção prejudica toda a obra do Espírito Santo na Igreja e, em especial, na vida dos cristãos — consequentemente, na sociedade como um todo.

Bíblica e historicamente, todo avivamento autêntico é precedido pela oração. A pregação e o ensino da Palavra são o combustível que vai alimentar a caminhada da Igreja, mas a ação vivificadora é de Deus, que mostra ao seu povo os pecados que este tem cometido, em que tem se desviado da Palavra, quanto tem tolerado heresias e costumes do mundo, em que medida perdeu o ardor evangelístico e missionário. Ao se dar conta de seus erros, a igreja vive, então, um momento de total arrependimento e, com isso, o Espírito Santo faz maravilhas. Ele é capaz de levar as pessoas ao total abandono de pecados, ao conserto de vida, à restauração da família, à consagração, ao serviço. A igreja, agora vivificada, deixa marcas indeléveis no mundo. A história mostra isso com clareza, pois, sempre que houve avivamento no seio do povo de Deus, a comunidade foi beneficiada como um todo. A ação do Espírito começa na vida dos membros da igreja, abrange todo o Corpo de Cristo e se expande para fora. É um transbordar da graça divina. Como nós precisamos desse milagre nos dias de hoje!

Se queremos orar por avivamento no Brasil, devemos abandonar a ideia de que esse fenômeno se resume a cultos animados, emotivos. Tampouco devemos nos referir a igrejas que crescem devido a técnicas de *marketing* ou à sombra de um líder carismático. O que precisamos pedir ao Senhor é por igrejas que crescem pelo poder da ação total do Espírito Santo, pois, dessa forma, poderemos transformar a sociedade não cristã e cumprir nossa missão de servir ao mundo tanto na esfera espiritual quanto na humana. O escritor John Armstrong registrou cinco bênçãos que, segundo Jonathan Edwards, recaem sobre uma igreja durante o avivamento:[3]

1. O revigoramento da verdadeira piedade. "O avivamento restaura o foco adequado da igreja, o seu olhar correto. Tira os nossos olhos de nós mesmos, dos nossos programas e dos nossos esforços e os reorienta para o Cristo vivo." Infelizmente, em nossos dias muitos estão mais centrados em suas agendas do que na agenda de Deus, e aí não há espaço para o Espírito Santo agir livremente.

2. Um ataque direto ao reino de Satanás. "É importante lembrar que esse ataque é travado com as

armas de Deus, ou seja, oração e Palavra." E aí entra a consciência do pecado e o arrependimento. É bom lembrar que, quando se busca pelo avivamento, o Inimigo não fica satisfeito e contra-ataca. E, em geral, provoca confusão e divisão. Onde há esse clima, com certeza o Espírito Santo não está presente, pois ele é conciliador e não divisor.

3. A mais alta consideração pelas Escrituras. "A Palavra de Deus sempre é a arma singular para a verdadeira batalha espiritual e o avivamento libera os efeitos dessa espada." Vem daí a ênfase que se verifica em todo movimento de avivamento genuíno de total retorno à Bíblia. Ela é central.

4. O avivamento conduz as pessoas à verdade. "O avivamento produz níveis mais amplos de percepção das mesmas verdades e não verdades novas." Não é momento de inventar novos métodos e modas. Precisamos voltar à raiz das verdades contidas na Palavra.

5. O aumento do amor por Deus e por pessoas. "Os avivamentos, em geral, resultaram em preocupação com os pobres e os marginalizados." Brian Edwards está certo em dizer que uma das marcas tristes da igreja em sua vida normal é que muitas vezes se vê que ela está se unindo àqueles de quem deveria estar separada e está se separando daqueles com quem deveria estar unida.

O verdadeiro avivamento nunca vai nos deixar vaidosos e prepotentes ou dispostos a tratar mal as pessoas. Na realidade, no avivamento toda a glória é de Deus. Ele é o centro, e não os homens. Focalizar os olhos em líderes humanos não é avivamento. Fixamos o olhar em Jesus

Cristo, o grande Salvador de todos nós. Henrique Varley, conhecido ganhador de almas de Dublin, na Irlanda, disse: "O mundo ainda não viu o que Deus fará com, para e pelo homem que se entregar inteiramente a ele".[4]

O poder da igreja que ora por avivamento é um desafio a todas as igrejas e está acessível a qualquer uma delas. Deus quer se manifestar neste mundo — onde os valores estão sendo negociados com moeda de troca de baixo valor — e mostrar todo o seu poder. Essa busca cabe à igreja e, em especial, à sua liderança.

Entendo que, em todos os movimentos de avivamento registrados na história, mesmo liderados por homens de Deus, as mulheres se fizeram presentes. Aliás, mais da metade da membresia de qualquer igreja local costuma ser formada por mulheres. Por isso, aqui fica o desafio a todas as brasileiras, irmãs em Cristo, para uma busca pelo avivamento que comece com cada uma de nós e se expanda até onde Deus permitir. Se somos o templo do Espírito Santo, precisamos dar espaço para ele agir. E, quando ele age, é sempre para nos abençoar e a todos os salvos por Jesus Cristo. Que Deus nos faça dignas dessa batalha! Que a nossa participação nessa igreja que ora por avivamento faça toda a diferença!

Você aceita o desafio? Então mãos à obra... e joelhos no chão.

Poder da oração

Senhor Deus e Pai, Criador de todas as coisas, me achego a ti com a permissão do sangue de Jesus Cristo, pelo qual fui resgatada. Reconheço tua soberania e poder, mas também teu grande amor e tua graça, que tomam conta de nossa vida. Louvo o teu nome e a ti dou toda a honra e glória. Tu és maravilhoso, pois tua mão está clara na Palavra e na caminhada da história, sempre pensando no melhor para nós, simples mortais. Que amor! Obrigada, Senhor.

Ao ler a tua Palavra, na qual sou presenteada com tantas manifestações de teu poder e tua graça e, por conhecer os fatos históricos de tantas pessoas comprometidas com o Senhor e que buscaram teu mover entre teu povo, curvo-me diante de ti. Faço isso suplicando que haja um derramar do teu Espírito entre nós. Que haja um mover do Espírito Santo em nossas igrejas, a começar em mim. Que nosso país seja alcançado por essa ação que vai se derramando em cascata e chegue às pessoas necessitadas, tanto espiritual quanto materialmente.

Sabemos que tua vontade é esta: que sejamos regados com a preciosa presença de teu Espírito em nossa vida e que isso se reflita em nossos relacionamentos e responsabilidades diante deste mundo perdido. Tem misericórdia de nós e de tua Igreja e derrama teu Espírito, para que vidas sejam renovadas, pessoas sejam salvas e atendidas. Tem misericórdia desta geração, que se distancia a cada dia da tua Palavra e dos teus planos. Retira de nós tudo o que impede tua ação. Perdoa-nos, Senhor, de tudo o que temos feito e que contraria tua vontade. Queremos dar espaço para que teu Espírito se mova entre nós.

Pelo amor e em nome de teu Filho, Jesus Cristo. Amém.

Poder da Palavra

Aviva a tua obra, ó SENHOR, no decorrer dos anos, e, no decurso dos anos, faze-a conhecida.

Habacuque 3.2, RA

Mas o Conselheiro, o Espírito Santo, que o Pai enviará em meu nome, lhes ensinará todas as coisas, e lhes fará lembrar de tudo o que eu lhes disse.

João 14.26

Mas receberão poder quando o Espírito Santo descer sobre vocês, e serão minhas testemunhas em Jerusalém, em toda a Judeia e Samaria, e até os confins da terra.

Atos dos Apóstolos 1.8

Pedro respondeu: "Arrependam-se, e cada um de vocês seja batizado em nome de Jesus Cristo para perdão dos seus pecados, e receberão o dom do Espírito Santo".

Atos dos Apóstolos 2.38

A igreja passava por um período de paz em toda a Judeia, Galileia e Samaria. Ela se edificava e, encorajada pelo Espírito Santo, crescia em número, vivendo no temor do Senhor.

Atos dos Apóstolos 9.31

Este é aquele que veio por meio de água e sangue, Jesus Cristo: não somente por água, mas por água e sangue. E o Espírito é quem dá testemunho, porque o Espírito é a verdade.

1João 5.6

3

O poder da igreja que ora com perseverança

Antonieta Rosa

A Igreja de Cristo nasceu, recebeu poder, cresceu e é sustentada por meio da oração perseverante. Por isso, a oração deve ser a prioridade de quem deseja receber poder e permanecer firme na doutrina, no testemunho e na comunhão que o evangelho prevê (cf. At 2.40-42). Os primeiros cristãos exerciam a prática da oração com regularidade e constância, como vemos nas palavras dos apóstolos: "nos dedicaremos à oração e ao ministério da palavra" (At 6.4).

No início da Igreja, após a morte e a ressurreição de Jesus, as atividades rotineiras da vida eclesiástica ocorriam sempre aliadas à prática da oração, como quando os apóstolos intercediam pelos diáconos com imposição de mãos. O resultado? "Assim, a palavra de Deus se espalhava. Crescia rapidamente o número de discípulos em Jerusalém; também um grande número de sacerdotes obedecia à fé" (At 6.7).

Os que eram classificados como líderes doavam-se continuamente ao Senhor em oração, delegando as demais funções aos anciãos e aos diáconos. Se a Igreja de hoje conseguir restaurar essa ordem e as mesmas prioridades, certamente experimentará mais resultados no ministério pastoral e o avivamento chegará. Tudo porque o poder flui de Deus mais rápido do que pensamos para a Igreja quando ela se dedica a orar de forma perseverante. Mediante o relacionamento entre Pai e filhos que ocorre pela oração, recebemos o poder de perdoar injúrias, de conservar o espírito sem azedumes em meio às maiores injustiças, de vencer o mal com o bem e o ódio com o amor supremo, de derrotar o mundo.

Ao olharmos para a Igreja primitiva, vemos que o poder era muito forte na vida dos apóstolos; poder esse que fluía de Deus e trazia unção, graça, palavra, operações de milagres e maravilhas — observadas, por exemplo, na vida de Paulo (cf. At 19.11-12) e Pedro (cf. At 5.15). Tudo acontecia por causa da prática e da perseverança na oração. Aqueles homens e mulheres oravam em casa, no templo, nas prisões, nos montes, nos rios, aonde quer que fossem. Eles perceberam que a perseverança em oração pode mais do que a força humana.

Por isso, eles oravam em todas as circunstâncias. Se precisavam de direcionamento, provisão, proteção, livramento, portas abertas para pregar o evangelho ou realizar qualquer outra atividade, oravam continuamente até receber a resposta de Deus. Destemidos e com perseverança, aqueles seguidores de Cristo dobravam os joelhos quando eram perseguidos até a morte, mesmo nas escuras e frias catacumbas, porque descobriram que o segredo do poder é se apresentar a Deus diariamente em oração — algo que cria intimidade e um relacionamento diário com o autor da vida.

A Igreja primitiva tinha poder porque todos viviam em contínua oração diante de Deus Pai, em nome de Jesus, e milagres ocorriam por meio da oração perseverante. Para compreender esses fatos e fenômenos, primeiro necessitamos entender o que exatamente é *poder*.

O QUE É PODER

A palavra *poder* pode ser usada como substantivo ou conjugada como verbo. Como substantivo, significa vigor, poder, autoridade. Como verbo, no singular ou no plural, indica que todos devemos orar. Convém ter em mente que o *poder* não deve ser enfatizado como exercício de poder humano, como o de líderes que exercem poderio (à semelhança de Ninrode; cf. Gn 10.8-9). Estamos falando de valentia espiritual. Cristo é sabedoria e poder de Deus, como está escrito: "Pois a mensagem da cruz é loucura para os que estão perecendo, mas para nós, que estamos sendo salvos, é o poder de Deus. Pois está escrito: 'Destruirei a sabedoria dos sábios e rejeitarei a inteligência dos inteligentes'" (1Co 1.18-19).

O que aprendemos nas Escrituras é que a salvação veio pelo grande amor de Deus, demonstrado por Jesus na cruz do Calvário e em sua ressurreição. Esse fato principal da fé cristã nos concedeu poder sobrenatural, mediante a oração e uma vida de santificação e comunhão plena com o céu. O grande segredo do poder de Deus na vida da Igreja e de seus pregadores consiste em que todos devem atender ao chamado divino, para viver em santidade e oração.

Sabemos que o mundo jaz no Maligno. Satanás tem agido e se esforça para que tudo sirva a suas finalidades. Ele veio para "roubar, matar e destruir"; em contrapartida,

Jesus veio "para que tenham vida, e a tenham plenamente" (Jo 10.10). Nesse papel, o Senhor é apresentado como advogado que intercede pelos crentes (cf. 1Jo 2.1), para que sejam irrepreensíveis e perseverantes.

A oração perseverante inclui o poder de Deus; esses dois conceitos são indissociáveis. E que fique claro que essa oração insistente não consiste apenas em pedir, mas, sim, naquela sublime experiência de adorar, confessar, elevar-se a ponto de a alma sentir-se em comunhão com Deus (cf. 1Jo 1.3; Cl 3.1-3). O poder nos faz compreender perfeitamente a vontade de Deus, de modo que entendemos "a largura, o comprimento, a altura e a profundidade, e conhecer o amor de Cristo que excede todo conhecimento" (Ef 3.18-19) — e esse poder está disponível à Igreja como Corpo de Cristo para operação de milagres e maravilhas.

O poder de Deus, concedido à Igreja, também exige de cada cristão o cumprimento da ordem de Jesus: "Não saiam de Jerusalém, mas esperem pela promessa de meu Pai" (At 1.4). A promessa é para todos os que creem, não importa se perto ou longe: "Mas receberão poder quando o Espírito Santo descer sobre vocês, e serão minhas testemunhas em Jerusalém, em toda a Judeia e Samaria, e até os confins da terra" (At 1.8). Para realizar a obra de Deus, a Igreja precisa do poder do Espírito Santo e deve buscá-lo continuamente (cf. 1Cr 16.11; Sl 105.4). Os cristãos necessitam estar cheios, transbordando na graça, para presenciar sinais e maravilhas (cf. Mq 3.8). A unção do Espírito Santo é indispensável para realizar tais atos com poder.

Dentro desse cenário, a igreja que persevera na oração tem poder para vencer todas as astutas ciladas do Diabo e permanecer na graça e no testemunho, crescendo por meio do poder da Palavra e da evangelização. Mais ainda: a constância incansável na oração é a grande opção bíblica para o cristão que quer derrotar as obras da carne, ou seja, vencer a si mesmo.

Homens e mulheres foram criados para ser vencedores com Cristo, ao herdarem a vida eterna. Com a prática da oração e o poder de Deus, podemos ir aos confins da terra e suplantar a dúvida, a insegurança, o medo e a derrota, certos de que tais sentimentos fazem parte do plano divino para o cristão (cf. Hb 7.25). O profeta Isaías declara: "Deus é a minha salvação; terei confiança e não temerei" (Is 12.2). Confie você também: ore e busque o poder de Deus com perseverança.

A PERSEVERANÇA NA ORAÇÃO GERA BÊNÇÃOS À IGREJA

A perseverança é a virtude pela qual todas as outras virtudes frutificam. Ser perseverante significa ser firme e constante, perseguir, prosseguir, continuar, perdurar, subsistir e mostrar firmeza até vencer, sem variação ou mudança de intento. Perseverança na oração consiste em dirigir preces ao Criador com fé, crendo nas providências divinas. Segundo Tiago, a força dessa oração reflete-se justamente na persistência da intercessão que fazemos, por exemplo, pelos enfermos e pelos necessitados. Essa oração tem poder até de mudar o curso da natureza. Muitos são os exemplos bíblicos que apontam essa realidade.

Ainda hoje devemos reproduzir a oração que motiva a ação do Espírito Santo, quando pedimos ao Pai, em nome de Jesus. A oração perseverante, particular, traz ao cristão algo indescritível e inexprimível: a unção do Espírito Santo, que vitaliza a verdade revelada de Deus, tornando-se viva e vivificante. Com ela vencemos as provações, que se tornam meios para alcançar maturidade e crescimento espiritual. Ao nos santificarmos, buscamos atingir níveis desejáveis de intimidade com Deus.

É imprescindível perceber que a vida cristã é uma constante batalha espiritual, cujos vencedores nas áreas física, emocional e espiritual são homens e mulheres que perseveram. Aprendemos com Jesus que há situações difíceis, longas e tão pedregosas que temos a impressão de não haver solução para elas. Porém, o Mestre relatou uma parábola sobre a importância de orar sempre, sem jamais esmorecer:

> Então Jesus contou aos seus discípulos uma parábola, para mostrar-lhes que eles deviam orar sempre e nunca desanimar. Ele disse: "Em certa cidade havia um juiz que não temia a Deus nem se importava com os homens. E havia naquela cidade uma viúva que se dirigia continuamente a ele, suplicando-lhe: 'Faze-me justiça contra o meu adversário'. Por algum tempo ele se recusou. Mas finalmente disse a si mesmo: 'Embora eu não tema a Deus e nem me importe com os homens, esta viúva está me aborrecendo; vou fazer-lhe justiça para que ela não venha mais me importunar'". E o Senhor continuou: "Ouçam o que diz o juiz injusto. Acaso Deus não fará justiça aos seus escolhidos, que clamam a ele dia e noite? Continuará fazendo-os esperar? Eu lhes digo: Ele lhes fará justiça, e depressa. Contudo, quando o Filho do homem vier, encontrará fé na terra?"
>
> Lucas 18.1-8

Assim como esta mulher insistiu em buscar a solução para sua vida e obteve o que desejava, Deus nos chama a uma vida de perseverança em oração, a cada dia, até alcançar a bênção de que precisamos. Aprendemos que, tanto no Antigo quanto no Novo Testamentos, os perseverantes na oração são os que conquistam seus objetivos. Nossa perseverança deve prevalecer até o fim, tendo como base algo que está ao nosso alcance: a graça (cf. Tt 2.11-13).

A PERSEVERANÇA TEM COMO BASE A GRAÇA

A graça é o alicerce que sustenta a igreja perseverante na oração. Pela graça, todo cristão fica espiritualmente sob uma condição de justiça tão completa e abençoada que a Lei não pode achar nele falta nem diminuição. Ao escrever a Tito, o apóstolo Paulo o faz lembrar-se da graça extensiva a todos os homens e mulheres, que serve como antídoto contra o pecado, a fim de que vivam uma vida correta, santa e dedicada a Deus. Quando Pedro negou Jesus, mesmo depois de ter sido advertido, ele perseverou na graça mediante a intercessão do Divino Pastor: "Simão, Simão, Satanás pediu vocês para peneirá-los como trigo. Mas eu orei por você, para que a sua fé não desfaleça" (Lc 22.31-32).

A palavra no original grego que foi traduzida em português por *graça* é *charis*, que significa "favor imerecido". Ela indica que a perseverança é fruto da graça misericordiosa de Deus. O Senhor Jesus priorizou a perseverança do cristão e a estabeleceu como importante alvo de sua oração no cenáculo, na ceia pascal. Reunido com seus discípulos, na noite em que foi preso, disse ao Pai:

> Não ficarei mais no mundo, mas eles ainda estão no mundo, e eu vou para ti. Pai santo, protege-os em teu nome, o nome que me deste, para que sejam um, assim como somos

> um. Enquanto estava com eles, eu os protegi e os guardei no nome que me deste. Nenhum deles se perdeu, a não ser aquele que estava destinado à perdição, para que se cumprisse a Escritura.
>
> João 17.11-12

Assim, entendemos que:

- A graça está ao alcance dos homens.
- Somos alvos da graça e da intercessão de Jesus Cristo para salvação completa.
- A graça faz parte da chamada de Deus para que nenhum dos que são seus se perca.
- Uma vez validado o sacrifício de Cristo na cruz do Calvário, o crente é sustentado por meio da oração feita por Jesus, para que perseverem até o fim.

Como disse o pastor e escritor Thomas Watson: "Como o diamante é para o anel, assim é a graça para a alma".[1] Uma vez que enxergamos a graça como base para nossa perseverança na fé e na oração, podemos acrescentar, de acordo com as palavras do teólogo metodista Stanley Jones: "A graça me comprou. A graça me ensinou. A graça me surpreendeu. Agora a graça me possuiu".[2] A graça de Deus, revelada em Cristo Jesus, nosso Senhor, é a garantia para que a igreja se mostre perseverante nas orações.

Os três estágios da oração perseverante

A oração perseverante dos servos de Deus no relato bíblico do Antigo e do Novo Testamentos, e também na história da Igreja, sempre foi determinante para os rumos do povo de Deus. Vemos relatos em que a oração caminhou de mãos dadas com a pregação, a fé, a santidade, as manifestações de poder e, ainda, os milagres. A oração perseverante apresenta três estágios progressivos: pedir, buscar e bater, como vemos no relato de Jesus: "Peçam, e lhes será dado; busquem, e encontrarão; batam, e a porta lhes será aberta. Pois todo o que pede, recebe; o que busca, encontra; e àquele que bate, a porta será aberta" (Mt 7.7-8).

Pedir é o primeiro estágio da oração perseverante. Não tem mistério: é simplesmente apresentar um pedido a Deus, com fé, tendo a esperança de receber uma resposta. A condição para receber é pedir (cf. Tg 4.2). *Buscar* é o segundo estágio, mais profundo que o primeiro. Ocorre quando a resposta não é tão imediata e o suplicante precisa perseverar mais em seu rogo. As 120 pessoas que estavam reunidas no cenáculo no dia de Pentecoste são um exemplo de busca incessante. Aqueles homens e mulheres aguardavam o cumprimento da promessa de Jesus de enviar o Espírito Santo e perseveraram em buscar até que receberam a resposta (cf. At 2). *Bater* é o terceiro e o mais intrínseco estágio da oração perseverante. A oração deve ser persistente, mesmo quando as respostas demoram muito a vir.

Um exemplo clássico de oração perseverante é a que Elias fez ao subir no monte Carmelo e clamar por chuva. O profeta se inclinou ao chão e meteu o rosto entre os joelhos. Em seguida, ordenou ao servo que o acompanhava que olhasse para a banda do mar, a fim de ver se algo acontecia como fruto de seu clamor. Enquanto o servo subia para ver, Elias desceu e inclinou-se. A perseverança desse homem de Deus fica visível quando o vemos ordenar que o servo torne sete vezes ao local de observação, em uma nítida demonstração de que não bastava *pedir* — ele *buscaria* até onde desse e, se ainda assim, não fosse atendido, *bateria* com fé. O resultado? Aqui está:

> "Vá e olhe na direção do mar", disse ao seu servo. E ele foi e olhou."Não há nada lá", disse ele. Sete vezes Elias mandou: "Volte para ver". Na sétima vez o servo disse: "Uma nuvem tão pequena quanto a mão de um homem está se levantando do mar". Então Elias disse: "Vá dizer a Acabe: Prepare o seu carro e desça, antes que a chuva o impeça". Enquanto isso, nuvens escuras apareceram no céu, começou a ventar e a chover forte, e Acabe partiu de carro para Jezreel.
>
> 1Reis 18.43-45

Outro exemplo de persistência é o de Daniel, que orou por 21 dias para receber uma resposta de Deus. Havia uma batalha espiritual invisível ocorrendo nas regiões celestiais, o que não permitia ao profeta notar que a resposta já havia sido emitida. Um ser espiritual chamado de "príncipe do reino da Pérsia" tentou obstruí-la (cf. Dn 10). Com base nesse relato, é possível supor que, muitas vezes, as orações enfrentam oposição espiritual e precisamos utilizar estratégias para lidar com isso, como nos orientou o apóstolo Paulo (cf. Ef 6.10-18).

A vida do cristão deve ser de perseverante oração, pois ela é para a alma equivalente ao que a respiração é para o corpo. A vida espiritual não pode ser mantida por muito tempo sem oração. Assim, do mesmo modo que devemos respirar continuamente para prosseguir vivendo, a ordem contida na Palavra de Deus é que oremos sem cessar (cf. 1Ts 5.17), portanto de modo persistente (cf. Cl 4.2). Quanto à oração perseverante, é importante ter sempre em mente:

- Sua natureza deve ser de confissão de pecados (cf. 1Jo 1.9), súplica (cf. Hb 5.7), intercessão (cf. Tg 5.16; Rm 10.1), gratidão a Deus (cf. Fp 4.6); e comunhão com o Senhor (cf. 1Jo 1.3).
- Deve ser dirigida ao Pai (cf. Jo 16.23), em nome de Jesus (cf. Jo 14.13), no Espírito Santo (cf. Jd 20).
- Precisa ser baseada em uma relação com Deus (cf. Rm 8.15), pelo sangue de Jesus (cf. Hb 10.19-20), firmada nas promessas do Senhor (cf. Rm 10.13-15).
- É necessário que as condições sejam devidamente preenchidas, com fé inabalável (cf. Mt 21.21-22; Tg 1.5-6), conforme a vontade de Deus (cf. 1Jo 5.14-15), em retidão (cf. 1Jo 2.22-23) e com paciência (cf. Ec 8.3; Lc 18.1-8).

Por fim, devemos nos lembrar do que Tiago escreveu: "Vocês vivem a lutar e a fazer guerras. Não têm, porque não pedem. Quando pedem, não recebem, pois pedem por motivos errados, para gastar em seus prazeres" (Tg 4.2-3). Se, por um lado, há motivos errados, isso nos mostra que, por outro, há motivos *certos* para orar. Com base na Palavra de Deus, vemos que algumas razões lícitas de perseverar em oração referem-se à busca por: salvação (cf. Rm 10.13), sabedoria e orientação (cf. Tg 1.5), necessidades temporais (cf. Mt 6.11), liderança espiritual que batalhe em oração pelo povo de Deus (cf. Rm 15.30-31), cura de enfermidades (cf. Tg 5.14-15), favor das autoridades (cf. 1Tm 2.2), volta de Jesus (cf. Mt 6.10). E não nos esqueçamos de uma oração que não é muito popular: aquela que devemos fazer por nossos inimigos (cf. Mt 5.44). O estudo das Escrituras vai revelar ainda muitos outros motivos de oração sustentados biblicamente.

A oração deve ser perseverante por constituir um hábito. Ela precisa ser uma prática diária e não algo a se fazer somente em momentos de desespero. Por isso, como já disse alguém, "orar antes de fazer algo é dependência; orar depois de fazer é gratidão; e orar constantemente é comunhão". Busque a comunhão com Deus. Certamente, essa é a recomendação bíblica e o caminho mais excelente.

Poder da oração

Querido Deus e Pai, ajuda-me cada dia a desenvolver uma vida de oração consistente. Estou certa de que, segundo tuas promessas, tua presença brota em nossa vida e nos leva a uma revelação de tua glória quando te buscamos.

Senhor, que todos os dias eu possa, por meio da oração, me envolver com a paz, o amor e a alegria que provêm somente de teu trono. Que, assim como a nuvem cobriu a tenda da congregação e tua glória encheu o tabernáculo, a mesma nuvem de tua presença paire sobre minha vida. Ajuda-me a ser perseverante em minhas orações! Que teu Santo Espírito capacite cada serva tua acerca de como orar quanto a todas as necessidades da vida.

Pai, que, por meio da oração perseverante de tua Igreja, possamos receber todas as respostas. Esse é o nosso pedido, *em nome de Jesus. Amém.*

Poder da Palavra

Perseverem na oração.

Romanos 12.12

Dedíquem-se à oração.

Colossenses 4.2

Orem continuamente.

1Tessalonicenses 5.17

Porque a graça de Deus se manifestou salvadora a todos os homens. Ela nos ensina a renunciar à impiedade e às paixões mundanas e a viver de maneira sensata, justa e piedosa nesta era presente, enquanto aguardamos a bendita esperança: a gloriosa manifestação de nosso grande Deus e Salvador, Jesus Cristo.

Tito 2.11-13

Como vocês sabem, nós consideramos felizes aqueles que mostraram perseverança. Vocês ouviram falar sobre a perseverança de Jó e viram o fim que o Senhor lhe proporcionou. O Senhor é cheio de compaixão e misericórdia.

Tiago 5.11

Por isso, não abram mão da confiança que vocês têm; ela será ricamente recompensada. Vocês precisam perseverar, de modo que, quando tiverem feito a vontade de Deus, recebam o que ele prometeu.

Hebreus 10.35-36

4

O poder da igreja que adora a Deus em oração

Denise de Seixas Pereira

Minha conversão a Cristo ocorreu há vinte anos. Cheguei à igreja muito resistente e cheia de preconceitos, com um buraco enorme dentro de mim, um vazio que, aparentemente, nada poderia preencher. Todos os artifícios para aliviar minha dor naquele momento da vida eram insuficientes. Tudo ao meu redor havia desmoronado. Esperança? Isso não existia em meu dicionário. O que eu vivia era uma tristeza profunda.

Lembro-me de que, no dia de minha conversão, o pastor começou a reunião com uma oração. Imediatamente fiquei fascinada com aquela liberdade com que ele conversava com Deus. Logo depois que ele terminou seu diálogo com o Pai celestial, começaram os louvores e, mais uma vez, fui profundamente tocada pela alegria das pessoas naquele lugar: elas batiam palmas, levantavam as mãos e davam brados de adoração ao Senhor. Eu, um pouco tímida, tentava acompanhar.

De repente, a congregação começou a cantar *Em espírito e em verdade*. Enquanto eu acompanhava a letra dessa conhecida canção de adoração, fui inundada por um quebrantamento e uma alegria que me fizeram chorar como criança. Naquele instante, provei uma sensação de regozijo que nunca sentira, e a presença que se manifestou naquele momento foi extremamente libertadora. Hoje, duas décadas depois, ao me recordar do poder que teve sobre mim aquela oração em forma de louvor e adoração a Deus, lembro-me de Isaías 56.7: "[...] esses eu trarei ao meu santo monte e lhes darei alegria em minha casa de oração. Seus holocaustos e demais sacrifícios serão aceitos em meu altar; pois a minha casa será chamada casa de oração para todos os povos". Sei que, segundo as regras da boa hermenêutica, essa foi uma declaração específica para um grupo determinado de pessoas e não é uma afirmação universal, mas confesso que me identifico muito com o tipo de alegria que o Senhor relata nessa passagem.

Muito tempo se passou desde então e, hoje, como ministra do evangelho e líder do ministério de louvor e adoração da igreja, além de ser responsável por um trabalho de oração e adoração ininterrupta (o Lounge 7/24), celebro e me alegro com tudo o que temos vivido nesses últimos vinte anos: momentos maravilhosos de restauração da adoração nas igrejas, milhares de conversões... Vejo Deus trabalhar ativamente por meio de sua graça. Mas entendo, também, que o momento em que vivemos é delicado, pois precisamos nos dedicar a manter a chama acessa.

Nosso desafio nesses dias é preservar a cultura das orações coletiva e pessoal. Vemos pregações maravilhosas, canções em que o Senhor é adorado de toda a alma, mas o que tenho observado é que, quando se trata de ajuntamento para oração, poucos são os cristãos que se envolvem.

E muito da insatisfação, tristeza e incredulidade que percebo ao redor vem do fato de que alguns servos de Cristo não têm uma vida de oração e adoração constantes. Quando eu ainda era nova na fé, cresci espiritualmente ouvindo meu pastor fazer uma afirmação comumente apregoada em muitas igrejas: "Muita oração, muito poder; pouca oração, pouco poder; nenhuma oração, nenhum poder".

Deus nos espera na sala do trono todos os dias. Esse relacionamento de Pai e filhos é insaciável, pois aquele que nos adotou para si tem uma vontade contínua de ouvir nossa voz; seja em agradecimento, petição, adoração, louvor, seja em qualquer outra forma que expresse relacionamento e intimidade entre quem regenera e os regenerados. E, com base na Bíblia, acredito que o Senhor ama o ajuntamento dos filhos que clamam por ele quando essa união é verdadeira, sincera e movida em espírito e verdade.

A intercessão coletiva faz o inferno tremer, pois, se realizada em conformidade com a soberania divina, confirma o governo de Deus nas nações, muda decretos, transforma multidões, traz à existência o que não existe, transforma o impossível em possível. Buscar o Senhor em meio à oração de adoração é algo que tem consequências magníficas! Ainda mais quando isso ocorre em concordância entre os membros do Corpo de Cristo.

> Como é bom e agradável quando os irmãos convivem em união! É como óleo precioso derramado sobre a cabeça, que desce pela barba, a barba de Arão, até a gola das suas vestes. É como o orvalho do Hermom quando desce sobre os montes de Sião. Ali o Senhor concede a bênção da vida para sempre.
>
> Salmos 133.1-3

A ORAÇÃO NO TEMPO DE JESUS

Ao longo de toda a explanação no Sermão do Monte (cf. Mt 5—7), Jesus ressaltou a relação íntima que seus discípulos deveriam ter com um Deus pessoal. Por quatorze vezes, o Mestre cita o relacionamento próximo entre o Pai e seus filhos (relação essa bastante familiar à humanidade), em contrapartida ao tipo de relação entre os gentios e os deuses por estes adorados (um relacionamento com deuses possessivos e egocêntricos, que impunham medo e opressão). Por isso, para tornar suas orações mais "poderosas" e "eficazes", aqueles pagãos tinham práticas estranhas, como cortar o próprio corpo — tal qual fizeram os sacerdotes de Baal durante o sacrifício no Carmelo: "Então passaram a gritar ainda mais alto e a ferir-se com espadas e lanças, de acordo com o costume deles, até sangrarem" (1Rs 18.28).

Fato é que a oração dos que professavam religiões gentias até a época de Jesus envolvia sacrifícios, com muitas repetições de palavras decoradas, preces cíclicas, bajulações, barganhas, castigos, penitências... Enfim, os seguidores das entidades pagãs tentavam impressioná-las fazendo de tudo, até mesmo se submetendo ao autoflagelo. Mas não havia o tipo de adoração que a oração proposta pelo Deus de Israel sugeria. E essas práticas dos povos vizinhos haviam influenciado muito a oração judaica na época de Jesus.

Por isso, Cristo ensinou a orar de modo bastante diferente do que era habitual (e errado) naquela época, como na questão de não se usar vãs repetições (cf. Mt 6.78). Na sequência, ele exemplificou como poderia ser uma oração espontânea, no modelo que ficou conhecido como "a oração do pai-nosso" (cf. Lc 11.1-4), uma conversa que deve despertar o amor que nos faz alcançar um estado de íntima união com o Pai e sua vontade.

Em janeiro de 1995, fui internada em uma casa de recuperação. Lá, orávamos pela manhã e também durante uma hora ao fim do dia. Eu, recém-convertida, mal sabia como começar uma prece e achava lindo ouvir as outras meninas orarem. Toda vez que competia a mim iniciar uma oração, eu pensava em que palavras ou expressões deveria escolher para poder começar. "Pai querido"? "Santo Deus"? "Meu Deus e meu Pai"? Eu me preocupava com esses detalhes menos importantes, sem me dar conta de que estava apenas iniciando um diálogo com meu *Aba*, uma conversa repleta de adoração e amor. Com o tempo passei a entender que estava diante de um Deus amoroso e gracioso, que se importava comigo, com os detalhes da minha vida, e que transbordava amor até quando tinha de me disciplinar. Fiquei fascinada pelo fato de conhecer esse Pai tão maravilhoso e presente, diferente daquele "Deus" que imaginara antes.

Com dois meses de internação, aprendi, por meio da ministração de um pregador, que eu poderia pedir a Deus que me desse experiências com o próprio Pai. Em certa manhã, estava em meu momento devocional quando vi uma borboleta linda passando à minha frente. Com certo receio, orei a Deus assim: "Senhor, o missionário ontem nos disse que poderíamos pedir experiências contigo, então eu gostaria que essa borboleta pousasse sobre minha mão". Você imagina o que aconteceu? Pois bem, ela passou direto e não pousou.

Frustrante? Isso significa que Deus não me atendeu? Não necessariamente. Ele apenas agiu de acordo com sua soberania.

No dia seguinte, eu estava na varanda, escrevendo uma carta, quando, de repente, uma moça que também estava internada ali entrou no recinto com uma borboleta nas mãos e me disse: "Deus mandou que eu te entregasse esta borboleta". Consegue imaginar o que senti? Chorei muito, me emocionei e percebi, então, que Deus faz aquilo que deseja para nós na hora dele, do jeito dele. Essa é uma experiência que guardo para toda a vida, pois mostra que nosso papel é adorar em oração e que o restante fica por conta da vontade soberana do Pai. Assim, com base em experiências como essa, Deus construía uma relação de amor entre Pai e filha. Esse relacionamento me curou, limpou e trouxe esperança.

A oração é uma atitude de verdadeira confiança e obediência aos planos e propósitos de Deus, e não um monte de palavras vazias ou uma avalanche de petições egoístas. Jesus nos ensinou algo inédito até sua época: a chamar o Todo-poderoso de *Pai*. Uma realidade que é consequência da adoção que recebemos no ato da justificação:

> Aquele que é a Palavra estava no mundo, e o mundo foi feito por intermédio dele, mas o mundo não o reconheceu. Veio para o que era seu, mas os seus não o receberam. Contudo, aos que o receberam, aos que creram em seu nome, deu-lhes o direito de se tornarem filhos de Deus, os quais não nasceram por descendência natural, nem pela vontade da carne nem pela vontade de algum homem, mas nasceram de Deus.
>
> João 1.10-13

Assim, somos filhos e família de Deus, nosso Pai. Portanto, nossa oração deve nos conduzir a uma unidade de espírito e propósito, o que, aliás, é uma expressão de adoração. "Minha oração não é apenas por eles. Rogo também por aqueles que crerão em mim, por meio da mensagem deles, para que todos sejam um, Pai, como tu estás em mim e eu em ti. Que eles também estejam em nós, para que o mundo creia que tu me enviaste" (Jo 17.20-21).

Independentemente de nossas diferenças doutrinárias e de placas denominacionais, somos filhos do mesmo Pai. Jesus pediu a esse Pai que fôssemos um, para que o mundo cresse que ele o enviara. Devemos contribuir para que essa oração se cumpra, sem estimular divisões ou contendas, pois uma casa dividida não prospera!

A ORAÇÃO COMO JESUS ENSINOU

Tomemos o pai-nosso como modelo de oração em que a adoração a Deus se manifesta de modo mais puro e verdadeiro. Destrinchemos as palavras daquilo que Jesus nos ensinou, para que saibamos conversar com o Pai compreendendo o foco do que devemos abordar. Relembremos o contexto:

> Vocês, orem assim: "Pai nosso, que estás nos céus! Santificado seja o teu nome. Venha o teu Reino; seja feita a tua vontade, assim na terra como no céu. Dá-nos hoje o nosso pão de cada dia. Perdoa as nossas dívidas, assim como perdoamos aos nossos devedores. E não nos deixes cair em tentação, mas livra-nos do mal, porque teu é o Reino, o poder e a glória para sempre. Amém.
>
> Mateus 6.9-13

Santificado seja o teu nome

Santificar o nome de Deus era o princípio mais importante da ética judaica, porque o nome de uma pessoa representava sua personalidade e seu caráter. Quando santificamos nossa vida, santificamos o nome de Deus em nós. Ele é nosso referencial de conduta, por isso nossa vida precisa refletir o caráter de Cristo. "Eles não são do mundo, como eu também não sou. Santifica-os na verdade; a tua palavra é a verdade" (Jo 17.16-17). É preciso que deixemos a luz de Jesus brilhar por nosso intermédio:

> Vocês são a luz do mundo. Não se pode esconder uma cidade construída sobre um monte. E, também, ninguém acende uma candeia e a coloca debaixo de uma vasilha. Ao contrário, coloca-a no lugar apropriado, e assim ilumina a todos os que estão na casa. Assim brilhe a luz de vocês diante dos homens, para que vejam as suas boas obras e glorifiquem ao Pai de vocês, que está nos céus.
>
> Mateus 5.14-16

Venha o teu Reino

Ao pedir ao Pai que seu reino venha a nós, o estamos convidando para reinar em nossa vida. O reino de Deus está entre nós, uma vez que vivemos sob o governo divino. "Certa vez, tendo sido interrogado pelos fariseus sobre quando viria o Reino de Deus, Jesus respondeu: 'O Reino de Deus não vem de modo visível, nem se dirá: *Aqui está ele*, ou *Lá está*; porque o Reino de Deus está entre vocês'" (Lc 17.20-21). O termo em grego que em português foi traduzido por *reino* é *basileia*, que significa, concretamente, um reino sobre o qual domina um rei. Contudo, figuradamente, o termo remete a soberania, domínio, poder real. Deus governa, soberano, sobre nossa vontade — e, assim, nos tornamos obedientes.

Quando Jesus entra em sua vida, ele passa a governá-la; consequentemente, você fica cheio da presença dele, o que proporciona paz e alegria, mesmo em meio às adversidades e lutas. "Pois o Reino de Deus não é comida nem bebida, mas justiça, paz e alegria no Espírito Santo" (Rm 14.17). Essa é a mais pura satisfação no Espírito, como Jesus especificou:

> Tudo isso lhes tenho dito enquanto ainda estou com vocês. Mas o Conselheiro, o Espírito Santo, que o Pai enviará em meu nome, lhes ensinará todas as coisas e lhes fará lembrar tudo o que eu lhes disse. Deixo-lhes a paz; a minha paz lhes dou. Não a dou como o mundo a dá. Não se perturbe o seu coração, nem tenham medo.
>
> João 14.25-27

Além dessa dimensão da manifestação do reino de Deus, ao orarmos pedindo que ele venha, lutamos também como corpo e família de Deus para chamar pelas consequências de sua manifestação em nossa cidade, em nossa nação e no meio de outros povos. A igreja que clama em unidade, como corpo, vê decretos mudados, cidades transformadas e situações restauradas pela glória de Deus. "Se o meu povo, que se chama pelo meu nome, se humilhar e orar, buscar a minha face e se afastar dos seus maus caminhos, dos céus o ouvirei, perdoarei o seu pecado e curarei a sua terra" (2Cr 7.14).

Seja feita a tua vontade

Em nossas orações, devemos pedir a Deus que compreendamos seu querer e aprendamos a alinhar nossas decisões segundo a vontade dele para nós. Essa é a única forma de o adorarmos verdadeiramente enquanto oramos. Precisamos conformar nosso pensamento ao do Senhor, para que vivamos não mais nós, mas Cristo em nós. Nesse sentido, essa petição vem ao encontro do que Paulo escreveu aos Romanos: "Não se amoldem ao padrão deste mundo, mas transformem-se pela renovação da sua mente, para que sejam capazes de experimentar e comprovar a boa, agradável e perfeita vontade de Deus" (Rm 12.2).

O interessante é que a oração é um meio pelo qual Deus transforma nossa vontade, fazendo-a semelhante à dele. Mediante essa conexão pessoal e íntima, deixamos de cumprir o querer divino por obrigação e passamos a realizá-lo por puro amor. É o que expressou o salmista: "Tenho grande alegria em fazer a tua vontade, ó meu Deus; a tua lei está no fundo do meu coração" (Sl 40.8).

Dá-nos hoje o nosso pão de cada dia

É interessante observarmos que Jesus nos ensinou a pedir ao Pai o sustento diário. Logo, é biblicamente correto nos dirigirmos ao Senhor, com confiança e dependência, para clamar pela provisão de nossas necessidades. Isso deve acalmar nosso coração e construir uma realidade de fé no cuidado divino. "Entregue suas preocupações ao SENHOR, e ele o susterá; jamais permitirá que o justo venha a cair" (Sl 55.22).

> Portanto eu lhes digo: Não se preocupem com sua própria vida, quanto ao que comer ou beber; nem com seu próprio corpo, quanto ao que vestir. Não é a vida mais importante que a comida, e o corpo mais importante que a roupa? Observem

as aves do céu: não semeiam nem colhem nem armazenam em celeiros; contudo, o Pai celestial as alimenta. Não têm vocês muito mais valor do que elas? Quem de vocês, por mais que se preocupe, pode acrescentar uma hora que seja à sua vida? Por que vocês se preocupam com roupas? Vejam como crescem os lírios do campo. Eles não trabalham nem tecem. Contudo, eu lhes digo que nem Salomão, em todo o seu esplendor, vestiu-se como um deles. Se Deus veste assim a erva do campo, que hoje existe e amanhã é lançada ao fogo, não vestirá muito mais a vocês, homens de pequena fé? Portanto, não se preocupem, dizendo: "Que vamos comer?" ou "Que vamos beber?" ou "Que vamos vestir?" Pois os pagãos é que correm atrás dessas coisas; mas o Pai celestial sabe que vocês precisam delas. Busquem, pois, em primeiro lugar o Reino de Deus e a sua justiça, e todas essas coisas lhes serão acrescentadas. Portanto, não se preocupem com o amanhã, pois o amanhã trará as suas próprias preocupações. Basta a cada dia o seu próprio mal.

Mateus 6.25-34

A confiança no suprimento e na provisão de nossas necessidades por Deus é uma bela expressão de adoração. Afinal, essa atitude demonstra que temos fé nele e que não duvidamos de seu cuidado e proteção. Trata-se de reconhecer quem ele é e o que faz.

Perdoa as nossas dívidas, assim como perdoamos aos nossos devedores

A expressão "assim como" remete a uma realidade bíblica inconteste: precisamos perdoar para ser perdoados. "Pois se perdoarem as ofensas uns dos outros, o Pai celestial também lhes perdoará. Mas se não perdoarem uns aos outros, o Pai celestial não lhes perdoará as ofensas" (Mt 6.14-15).

Quando Jesus nos perdoou, nossa dívida com ele foi cancelada. E isso precisa servir de exemplo para cada cristão, que, por princípio, deve ser um imitador de Cristo. Porém, se não perdoamos quem nos prejudicou ou nos fez algum mal, mantemos essa pessoa condenada e cativa. Em contrapartida, se a perdoamos, esse perdão a liberta e a nós também.

> Jesus mesmo disse que aquele que não perdoa não recebe perdão. Se o próprio Deus perdoa, quem é o homem para não perdoar? Nosso papel nunca deve ser o de condenar, mas sim o de fazer o que estiver ao alcance para restaurar quem pecou. Se você ama a Deus e é discípulo de Cristo, deve amar em forma de atitude, como Jesus amou a humanidade.[1]

Aqui vemos duas situações: em um relacionamento em que houve ofensa, podemos ser o ofensor ou o ofendido. As Escrituras têm orientações para ambos os casos. Na condição de ofensor, precisamos nos lembrar do que Jesus disse: "Portanto, se você estiver apresentando sua oferta diante do altar e ali se lembrar de que seu irmão tem algo contra você, deixe sua oferta ali, diante do altar, e vá primeiro reconciliar-se com seu irmão; depois volte e apresente sua oferta" (Mt 5.23-24). Já se você for o ofendido, deve igualmente seguir as determinações do Senhor: "Tomem cuidado. Se o seu irmão pecar, repreenda-o e, se ele se arrepender, perdoe-lhe. Se pecar contra você sete vezes no dia, e sete vezes voltar a você e disser: 'Estou arrependido', perdoe-lhe" (Lc 17.3-4).

E não nos deixes cair em tentação

Neste ponto, é importante frisar um aspecto: existe uma enorme distância entre a tentação e a consumação do pecado. Veja o caso de Jesus, que foi tentado no deserto e, como homem, poderia escolher se render ao pecado ou fazer a vontade de Deus. Porém, ele em nada pecou.

Constantemente, precisamos fazer escolhas como as de Jesus ao ser tentado por Satanás. Necessitamos estar em vigilância e oração, para não cair em tentação. Devemos matar a vontade da carne para fazer a vontade do Senhor, como a Palavra de Deus adverte por meio de Tiago: "Cada um, porém, é tentado pelo próprio mau desejo, sendo por este arrastado e seduzido. Então esse desejo, tendo concebido, dá à luz o pecado, e o pecado, após ter se consumado, gera a morte" (Tg 1.14-15).

Como somos pó, sabemos que estamos sujeitos à possibilidade de pecar. Assim, a petição que Jesus nos ensina no pai-nosso demonstra sujeição a um Deus que é capaz de nos livrar daquilo que nossa fraqueza humana nos impulsiona a fazer. Com isso, prestamos adoração ao Senhor, por reconhecer que dele vem a força de que precisamos para vencer a tentação e triunfar sobre o pecado. Paulo sabia dessa verdade:

> Assim, aquele que julga estar firme, cuide-se para que não caia! Não sobreveio a vocês tentação que não fosse comum aos homens. E Deus é fiel; ele não permitirá que vocês sejam tentados além do que podem suportar. Mas, quando forem tentados, ele mesmo lhes providenciará um escape, para que o possam suportar.
>
> 1Coríntios 10.12-13

Mas livra-nos do mal

Jesus pediu ao Pai acerca de seus discípulos: "Não rogo que os tires do mundo, mas que os protejas do Maligno" (Jo 17.15). Esse é um pedido para vencermos a nós mesmos, ou seja, para que tenhamos forças para fugir da influência que o Inimigo exerce sobre nossa carne. Isso nos leva a rejeitar até mesmo a aparência do mal, visto que essa atitude requer disposição para enfrentar rejeição e oposição de muitos e, numerosas vezes, significa nadar contra a correnteza.

Nesse sentido, a influência do Maligno pode se apresentar em nossa vida de diversas maneiras: impureza, imoralidade, idolatria, inveja, orgulho, fofoca, amizades erradas e muitos outros pecados. O que devemos fazer? Fugir, fugir e fugir! "Afastem-se de toda forma de mal" (1Ts 5.22). Mas, para os momentos em que parece que não temos como resistir, em resposta à nossa oração Deus nos fortalece e concede livramentos diários, para nos preservar de muitos tipos de males. Lembre-se da promessa de Salmos:

> Mil poderão cair ao seu lado, dez mil à sua direita, mas nada o atingirá. Você simplesmente olhará, e verá o castigo dos ímpios. Se você fizer do Altíssimo o seu abrigo, do SENHOR o seu refúgio, nenhum mal o atingirá, desgraça alguma chegará à sua tenda. Porque a seus anjos ele dará ordens a seu respeito, para que o protejam em todos os seus caminhos.
>
> Salmos 91.7-11

Assim, se tomarmos o pai-nosso como padrão de oração, cada vez que erguermos nossa voz ao céu estaremos em adoração. Nesse espírito, transformaremos quaisquer palavras dirigidas ao Pai em expressões que saem dos lábios de adoradores, seja ao louvar, seja ao pedir, seja ao agradecer ou mesmo ao interceder. A Deus seja toda a honra, toda a glória e toda a adoração!

Poder da oração

Senhor, nosso Deus e nosso Pai, temos tanto a te pedir! Mas, nesta oração, desejamos expressar nossa adoração. Ajuda-nos a adorar-te por meio da santidade. Que nossa vida seja como carta viva do teu evangelho; que nossas mãos sejam a extensão das tuas na terra e que nosso olhar seja como chamas do teu amor. Que o Senhor nos livre de todo engano de acharmos que os títulos nos fazem mais importantes em teu reino. Que nosso coração seja reto diante de ti, como servos que diminuem para que tua cresças em nós em graça e fidelidade.

Permite-nos adorar-te pela oração por união, Senhor, pois somos teu corpo. Que verdadeiramente sejamos conhecidas por sermos "um", corpo e família em perfeita unidade, para que o mundo creia em ti, Pai celestial, a quem amamos e servimos.

Adoramos-te, porque somos o teu povo, a tua herança e a geração que escolheste para levar as boas-novas de Cristo a este mundo perdido. Como tuas filhas, te reverenciamos e damos toda a honra e toda a glória a ti, Todo-poderoso, Deus amoroso, compassivo e cheio de misericórdia! Que nossas orações subam como incenso agradável às tuas narinas e que um novo cântico saia de nossos lábios! Que a harpa e o incenso sejam o padrão da adoração que nós, tuas filhas, desejamos te ofertar!

Amamos a ti e adoramos o teu santo nome, Deus triúno, porque teu é o reino, o poder e a glória para sempre! Amém.

Poder da Palavra

Vocês, orem assim: "Pai nosso, que estás nos céus! Santificado seja o teu nome [...] porque teu é o Reino, o poder e a glória para sempre".

Mateus 6.9,13

Nem todo aquele que me diz: "Senhor, Senhor", entrará no Reino dos céus, mas apenas aquele que faz a vontade de meu Pai que está nos céus.

Mateus 7.21

Deus fez isso para que os homens o buscassem e talvez, tateando, pudessem encontrá-lo, embora não esteja longe de cada um de nós. "Pois nele vivemos, nos movemos e existimos", como disseram alguns dos poetas de vocês: "Também somos descendência dele". Assim, visto que somos descendência de Deus, não devemos pensar que a Divindade é semelhante a uma escultura de ouro, prata ou pedra, feita pela arte e imaginação do homem.

Atos dos Apóstolos 17.27-29

Por meio de Jesus, portanto, ofereçamos continuamente a Deus um sacrifício de louvor, que é fruto de lábios que confessam o seu nome.

Hebreus 13.15

5

O poder da igreja que ora contra o pecado

Helena Tannure

Segundo os dicionários, *pecado* significa transgressão de uma lei, de um princípio religioso ou de qualquer preceito ou regra, principalmente ético ou moral. Também tem como sinônimos culpa, falta, defeito ou maldade. Falar sobre pecado na pós-modernidade gera, na maioria das vezes, uma sensação de mal-estar, uma vez que o assunto interfere nas relações humanas e na maneira segundo a qual cada indivíduo traça sua forma de viver. Em uma época na qual as verdades absolutas são questionadas e a busca pelo prazer é defendida a todo custo, tratar da questão do pecado é relativizar sua essência e seus efeitos. O que uma pessoa interpreta como transgressão, outra pode encarar apenas como busca pela felicidade sujeita a efeitos colaterais.

Contudo, à luz da Bíblia, pecado é a atitude ou a resolução humana que afasta a criatura de seu Criador. Deus estabeleceu limites não para oprimir ou privar o homem da felicidade, mas para proteger aquilo que criou e promover equilíbrio e harmonia entre criação, criatura e

Criador. A transgressão desses limites constitui pecado, que, em sua livre expressão, fere valores primordiais para uma sociedade justa e pacífica.

A cobiça ilustra bem essa questão. Alguns consideram saudável e desejável que um indivíduo queira crescer, tornar-se bem-sucedido e enriquecer financeiramente. Dizem que todos precisam de um pouco de ambição, certo? Porém, um pouco de cobiça seria um paradoxo, uma vez que ela significa "desejo veemente" de riqueza, honras ou glória; isso é, ganância. Grandes atrocidades contra a vida são cometidas por causa da cobiça. Por exemplo, o dono de uma clínica particular considera-se no "direito" de negar socorro a alguém que esteja enfartando na porta de seu estabelecimento mas não tenha convênio ou dinheiro para pagar pelo atendimento; não se leva em conta que tal conduta fere o direito à vida. O amor ao dinheiro negligencia, abandona, mata, suborna, rouba, trai a confiança, desfaz alianças, corrompe, torna-se maior que a vida humana. O pecado se instala no coração e a frieza, a indiferença e a maldade encontram um terreno fértil para se desenvolver.

O pecado é egoísta. Quem pensa apenas em si fatalmente terá uma vida de pecado. O *outro* passa a ser apenas um meio para obter o que se deseja. Ao olhar ao redor ou assistir aos telejornais, identificamos facilmente uma sociedade que elegeu o pecado como modo de vida.

Diante dessa realidade tão contundente, como fica a Igreja? Ela é o Corpo de Cristo. Diante dessa afirmação bíblica, a Igreja deveria funcionar como tal: mãos que socorrem, afagam, limpam e apontam soluções; pés que caminham em retidão e justiça, indo aonde nem todos querem ir; braços e costas que carregam e sustentam os que não conseguem mais andar; e um peito que abriga um coração cheio de amor e compaixão. O amor deveria ser, aliás, a maior evidência daqueles que se denominam cristãos. Afinal, a maior ordenança e o maior legado de Cristo foi justamente o amor a Deus sobre todas as coisas e ao próximo como a si mesmo. No entanto, a própria instituição "igreja" vive suas crises e convive com o pecado. A religiosidade superficial, baseada apenas em uma atitude moral considerada correta e no ritualismo puro e simples, impede ou atrasa o amadurecimento da igreja, que, débil, enfrenta sérios desafios na luta contra o pecado.

Falo como parte dessa igreja. Por muitos anos, vivenciei essa triste realidade, aprisionada aos meus conceitos particulares e à arrogância disfarçada de espiritualidade. Por um longo tempo acreditei, equivocadamente, que, por pertencer a uma igreja evangélica e por ter "aceitado Jesus" como meu Salvador, eu tinha me tornado superior aos outros, filha mais amada por Deus dos que os "pobres pecadores" lá de fora. Quanto engano... Minha justiça própria me impedia de ver a graça real que me havia alcançado e, principalmente, de entender que essa graça está disponível a todas as pessoas e não apenas a mim.

Nessa fé infantil, os anos passavam, mas meu amadurecimento como cristã não acontecia. Eu estava envolvida com música e teatro na igreja, participava do evangelismo, era dizimista, minhas roupas sugeriam uma conduta respeitosa e casta, minhas palavras eram adequadas... Mas meu interior estava imundo, mesmo depois de anos na igreja.

A realidade dura e imperceptível aos meus olhos naquela época começou a vir à luz em um domingo em que eu, meu esposo e minha filha mais velha, na época com cerca de 3 anos, aguardávamos o almoço na casa de meus pais. A pequena Clara estava decidida, naquele início de tarde, a testar os limites e, como se nos desafiasse, transgredia voluntariamente regras já estabelecidas, talvez por acreditar que a presença dos avós mudaria nossa atitude de correção. Depois de advertida verbalmente por duas vezes, era hora de Clara ser corrigida. O pai a conduziu a um lugar afastado dos olhares, para que ela não ficasse constrangida, e, depois de se certificar de que ela sabia o motivo pelo qual seria corrigida, a reclinou em seu colo, aplicou três varadinhas no bumbum e depois a abraçou, fazendo-a entender que ele não estava se vingando, mas disciplinando.

No entanto, nós sabíamos bem o que nossa pequena e habilidosa menininha fazia para nos dissuadir em momentos como aquele. Ela protagonizava um enorme drama. Chorava sem lágrimas e gritava: "Por favor! Não, papai!". A encenação não nos impressionava nem nos convencia, mas entendíamos que ela precisava se expressar e esperávamos até ela se convencer de que estava apenas adiando o inevitável.

Meu pai, que nunca havia presenciado um momento como aquele, interferiu, por acreditar que meu esposo estava se excedendo, quando, na verdade, apenas aguardava nossa filha se acalmar. Quando meu pai interveio, a situação se alterou. Assim que a pequena percebeu a intenção do avô, intensificou a dramatização. Eu fiquei furiosa, o interrompi e, em tom imperativo, ordenei que ele não se metesse na educação de nossa filha. Meu pai retrucou e teve início uma discussão séria. O almoço de domingo se transformou em caos, gritaria e desrespeito.

Naquele momento, minha mãe me disse algo que atingiu em cheio meu coração: "Leninha, você não nasceu de novo!". Meu Deus... Que incômodo, que dor! Eu tentava me justificar: "Nasci de novo sim, só não tenho sangue de barata!". A frase ecoou em minha mente nos dias seguintes e me levou a uma dolorosa, mas determinante, vistoria nos quartos escuros de minha alma. Eu estava na igreja, mas continuava sendo dominada pelo pecado. Continuava arrogante, invejosa, maledicente, mentirosa, ressentida e falsa. Eu havia colocado Deus no "banco de trás" da vida e permanecia com as mãos no volante. Minha fé era baseada no que eu podia fazer e não no que ele queria e precisava fazer em mim. Perplexa, compreendi que necessitava conhecer Deus e interagir com ele por meio da oração. Não uma oração como aquela feita na hora das refeições ou nas reuniões na igreja, mas um diálogo que anseia por relacionamento diário, uma conversa que rasga o coração sem reservas ou palavras rebuscadas: uma oração sincera e que aguarda respostas.

Comecei a orar assim, de um jeito diferente: confessava meus pecados e declarava minha incapacidade de seguir em frente sozinha. Comecei a buscar cura para minha alma, dilacerada pelas marcas do passado e pelas escolhas tolas que havia feito até então. E, enquanto orava contra o — meu — pecado, Deus me restaurou. Eu abri a porta e Cristo entrou. Desde então, ele tem ceado comigo e me conduzido amorosamente a novos patamares de cura e de vitória sobre o pecado que tenazmente nos assedia.

A oração é a maior arma contra o pecado

Uma igreja madura é aquela que entende que a fé é relacional. É mediante um relacionamento com Deus, com a descoberta de seus propósitos e sua vontade, que vamos identificar e evitar o pecado. O apóstolo Paulo escreveu aos romanos uma carta em que aponta verdades vitais para o entendimento e a vivência do cristianismo. Ele deixou clara a instrução para quem deseja viver um estilo de vida que rejeita o pecado e escolhe a obediência a Deus: "Não se amoldem ao padrão deste mundo, mas transformem-se pela renovação da sua mente, para que sejam capazes de experimentar e comprovar a boa, agradável e perfeita vontade de Deus" (Rm 12.2).

Não se amoldar é uma decisão, uma atitude. A transformação que flui de uma mente renovada no plano de Deus conduz o homem a usufruir do equilíbrio e da plenitude que existem na vontade do Pai para seus filhos. Não significa que nunca mais pecaremos, mas que nos recusaremos a sucumbir aos desejos do nosso coração e a um estilo de vida que escolhe o pecado, confiando que obedecer a Deus nos preserva e nos aproxima de seu plano perfeito. Seremos tentados, mas o escape virá do relacionamento com Deus.

Não existe relacionamento sem diálogo. Quando desejamos conhecer profundamente alguém, investimos horas, dias, meses, anos em conversas, experiências compartilhadas, conselhos, confissões, ideias e sonhos. Se quero estabelecer uma amizade, tenho de falar e escutar. Quando fazemos isso com Deus, esse diálogo ganha o nome de "oração". A igreja que não ora é apenas um ajuntamento de pessoas com uma ideologia frágil e inoperante. Paulo orienta: "Orem continuamente" (1Ts 5.17). O próprio Jesus orava constantemente e nos ensinou a fazê-lo, como vemos no pai-nosso (Mt 6.9-13). Essa oração não é um mantra a ser decorado e meramente repetido, sem consciência ou convicção, mas um modelo a ser observado e compreendido. No pai-nosso, o Mestre nos orientou a pedir ao Pai que não nos deixe cair em tentação, mas livre-nos do mal. Isso nada mais é do que uma oração contra o pecado, aquele que brota do nosso coração enganoso e também aquele que nos é imposto pela humanidade caída e divorciada de Deus.

É comum encontrarmos pessoas envolvidas em campanhas, jejuns e propósitos de oração para adquirir bens ou promoções no emprego, para sair do endividamento ou para resolver problemas de ordem sentimental. Mas nunca vi campanhas de oração e jejum contra inveja, soberba, vaidade, divisões, mentiras, perversão ou cobiça. Se não nos posicionarmos radicalmente contra o nosso pecado, como combateremos o que está destruindo a humanidade? Jesus deixa isso claro diante dos discípulos distraídos e sonolentos no Getsêmani: "Vigiem e orem para que não caiam em tentação. O espírito está pronto, mas a carne é fraca" (Mt 26.41).

O apóstolo Paulo também exorta: "Por isso digo: Vivam pelo Espírito, e de modo nenhum satisfarão os desejos da carne. Pois a carne deseja o que é contrário ao Espírito; e o Espírito, o que é contrário à carne. Eles estão em conflito um com o outro, de modo que vocês não fazem o que desejam" (Gl 5.16-17). Como viver pelo Espírito sem oração? Confiados em nossos conceitos e convicções, poderemos ser facilmente enganados. Porém, submetidos ao senhorio de Jesus Cristo, orando e vigiando, temos como alcançar êxito nas batalhas contra o pecado que nos assedia.

Fortalecidos, então, em Deus, pela dependência e obediência à sua Palavra, amadurecemos como igreja, cumprindo de forma mais eficaz nosso papel na transformação da sociedade e bombardeando as ações das forças que se opõem espiritualmente a nós. "E eu lhe digo que você é Pedro, e sobre esta pedra edificarei a minha igreja, e as portas do Hades não poderão vencê-la" (Mt 16.18). A porta é um instrumento de defesa, refúgio e proteção. Isso significa que, para que as portas não prevaleçam, a Igreja precisa atacar. Como? Em comprometida e ininterrupta oração contra as forças que instigam o pecado.

Jesus ensinou que devemos perseverar na oração e súplica por justiça (Lc 18.1-8). Ele conta uma parábola e a termina com uma pergunta intrigante: "[...] quando o Filho do homem vier, encontrará fé na terra?" (v. 8). Sem fé não há oração, sem fé é impossível agradar a Deus. A fé aciona a oração, e a oração perseverante — alinhada ao coração e à vontade do Senhor — libera poder do alto para o avanço da Igreja e a vitória sobre o pecado. Tome sua posição, atenda à convocação e junte-se ao exército de intercessores que se move, sob o comando do Espírito Santo, para trazer os propósitos do céu à terra.

Poder da oração

Deus soberano e poderoso, eu anseio avançar na jornada rumo ao teu coração. Por isso, desejo estreitar meu relacionamento contigo para conhecer-te mais; não apenas como Criador, mas como Pai e Senhor. Abre meus olhos espirituais e aguça minha sensibilidade para discernir a tua voz e os teus comandos.

Quero ser transformada de maneira profunda! Desejo submeter ao teu senhorio meus desejos, anseios e desafios diante das paixões deste mundo. Peço que o fruto do Espírito Santo brote em mim, prevalecendo sobre toda obra da carne e sobre meus possíveis desvios de caráter, os quais preciso que sejam tratados pelo Senhor continuamente.

Pai, desejo fazer parte do exército que resiste ao pecado que aflige a humanidade e enfraquece a Igreja. Ajuda-me a inspirar outros a te buscar e a abandonar a prática do pecado.

Eis-me aqui, Senhor! Ensina-me e conduze-me a uma vida de oração sólida e constante e ao cumprimento dos teus planos sobre a face da terra. Em nome de Jesus. Amém.

Poder da Palavra

Peçam, e lhes será dado; busquem, e encontrarão; batam, e a porta lhes será aberta. Pois todo o que pede, recebe; o que busca, encontra; e àquele que bate, a porta será aberta.

Mateus 7.7-8

E tudo o que pedirem em oração, se crerem, vocês receberão.

Mateus 21.22

E eu farei o que vocês pedirem em meu nome, para que o Pai seja glorificado no Filho. O que vocês pedirem em meu nome, eu farei.

João 14.13-14

Orem no Espírito em todas as ocasiões, com toda oração e súplica; tendo isso em mente, estejam atentos e perseverem na oração por todos os santos.

Efésios 6.18

Não andem ansiosos por coisa alguma, mas em tudo, pela oração e súplicas, e com ação de graças, apresentem seus pedidos a Deus.

Filipenses 4.6

6

O poder da igreja que ora pela família

Nina Targino

Não seria possível falar sobre o poder da igreja que ora pela família sem antes destacar a importância da Igreja, seu propósito e sua motivação. É vital conhecermos a quem pertencemos, de onde viemos, quem somos como cristãos e qual é o nosso papel nesse Corpo. Em seguida, falaremos da família e, por fim, da convergência entre essas duas instituições.

A Igreja

Deus enviou seu Filho à terra como expressão de seu amor por um mundo criado por ele mesmo e que caiu. A Palavra se fez carne, habitou entre nós e, ao término de sua missão, Jesus deixou a organização da Igreja nas mãos de discípulos, a quem deu uma ordem: ir até os confins da terra para pregar o evangelho, isto é, disseminar a mensagem de perdão e salvação em Jesus. Aqueles homens se organizaram, partiram e pregaram as boas-novas.

Mas essa ordem não foi restrita aos apóstolos. O mandado não era só para aquele tempo, aquele povo, um grupo selecionado de indivíduos. A ordem era "até o fim dos tempos", ou seja, até Jesus voltar. A ordem é para toda a Igreja, a de ontem e a de hoje, é para cada membro do Corpo de Cristo de todas as épocas e de todos os lugares.

Tudo o que Jesus ensinou está baseado nas Escrituras. Toda a Bíblia aponta para Cristo e se cumpre nos Evangelhos, o centro da história de sua vida, morte e ressurreição. A sequência dos Evangelhos traz o registro e os comentários de como a Igreja primitiva cumpriu sua tarefa. Como herdeiros dessa Igreja, estamos hoje aqui, em pleno século 21, seguindo os mandamentos de Deus e a ordem de Jesus de pregar o evangelho e fazer discípulos de todas as nações, ensinando a Palavra e vivendo de acordo com ela.

A Igreja como Corpo de Cristo se consolidou com o passar dos anos. Foi perseguida, maltratada, caluniada e espalhada, mas nunca veio a desfalecer ou acabar. O sopro do Espírito Santo passeia pela Igreja, restaurando, curando, protegendo, avivando e gerando esperança. Sempre há uma nova chance.

A Igreja é um organismo vivo, formado por pessoas que acreditam em uma mensagem reveladora e salvadora, que liberta e transforma os mais cruéis pecadores. O Corpo de Cristo na terra tem a responsabilidade de ser sal, dando sabor de esperança aos mais insípidos corações, e de ser luz, clareando as mais densas e negras trevas da alma. Por onde passa a luz da esperança em Cristo tudo se faz novo e se enche de vida. Onde o sal da Verdade é lançado, tudo se transforma no mais delicioso sabor de vida abundante. Essa Igreja representa aquele que disse: "Eu sou o caminho, a verdade e a vida" (Jo 14.6).

Ao seguir a ordem de Jesus no tocante à sua Igreja, de ser testemunha na terra, seus membros recebem as credenciais que os qualificam para representar o Rei, tornando-se embaixadores do reino. Aprendi, com a missionária Barbara Burns, que talvez um dos livros da Bíblia que mais mencionam a Igreja é Efésios, carta que fala de uma redenção obtida pelo sangue de Cristo, que salva e purifica de todo mal. Essa mensagem está presente nas Escrituras como um todo. Jesus deu sua vida pela Igreja, para que todo que nele crê não morra, mas tenha a oportunidade de se render e receber a vida eterna. Deus prometeu e Jesus cumpriu.

Paulo, convocado para fazer parte do grupo de apóstolos após a morte de Jesus, recebeu pessoalmente do Mestre as credenciais e a capacitação que o fariam um pescador entre os gentios. Ele escreveu aos cristãos: "Porque outrora vocês eram trevas, mas agora são luz no Senhor. Vivam como filhos da luz" (Ef 5.8). Seguindo os passos de Paulo, o evangelho foi pregado e se espalhou entre os gentios. A mensagem chegou muito longe e atravessou os séculos.

Hoje, a Igreja de Cristo está presente em quase todo o mundo. A ordem clara de Jesus tem sido cumprida e, apesar das dificuldades, dos interesses contrários, do mundo caído no Maligno e das incontáveis forças do mal, o evangelho do reino avança em direção aos confins da terra.

No entanto, uma das maiores dificuldades que a Igreja enfrenta nos tempos atuais para que esse avanço se torne mais rápido tem relação com a família. Como a Igreja é formada por pessoas que professam a mesma fé em Cristo, existe uma necessidade urgente para que esses indivíduos, agrupados em núcleos familiares, sejam ensinados sobre a Palavra de Deus e sobre o relacionamento, por meio de oração, com o Deus dessa Palavra.

A FAMÍLIA

A família, primeira instituição formada por Deus, é a célula fundamental da humanidade: "Então disse Deus: 'Façamos o homem à nossa imagem, conforme a nossa semelhança' [...]. Deus os abençoou, e lhes disse: 'Sejam férteis e multipliquem-se! Encham e subjuguem a terra!'" (Gn 1.26,28). Sem dúvida, podemos afirmar que Deus criou a família: "Criou Deus o homem à sua imagem, à imagem de Deus o criou; homem e mulher os criou" (Gn 1.27).

Nos salmos 127 e 128, o salmista discorre sobre a família — marido, esposa e filhos —, aborda os cuidados com seus membros e trata da importância do núcleo familiar para o reino de Deus. No salmo 127, o sábio Salomão tem o cuidado de alertar que o importante em uma família é que o Senhor esteja em primeiro lugar na construção do lar. É tudo muito bem organizado e orientado, passo a passo.

> Se não for o SENHOR o construtor da casa, será inútil trabalhar na construção. Se não é o SENHOR que vigia a cidade, será inútil a sentinela montar guarda. Será inútil levantar cedo e dormir tarde, trabalhando arduamente por alimento. O SENHOR concede o sono àqueles a quem ele ama. Os filhos são herança do SENHOR, uma recompensa que ele dá. Como flechas nas mãos do guerreiro são os filhos nascidos na juventude. Como é feliz o homem que tem a sua aljava cheia deles! Não será humilhado quando enfrentar seus inimigos no tribunal.
>
> Salmos 127

Já no salmo 128, o salmista ressalta todos os benefícios de que desfruta uma família organizada.

> Como é feliz quem teme o SENHOR, quem anda em seus caminhos! Você comerá do fruto do seu trabalho, e será feliz e próspero. Sua mulher será como videira frutífera em sua casa; seus filhos serão como brotos de oliveira ao redor da sua mesa. Assim será abençoado o homem que teme o SENHOR! Que o SENHOR o abençoe desde Sião, para que você veja a prosperidade de Jerusalém todos os dias da sua vida, e veja os filhos dos seus filhos. Haja paz em Israel!
>
> Salmos 128.1-6

Com base nesses salmos e em tantas outras passagens da Bíblia, vemos que a família planejada e projetada por Deus não é formada por pessoas que se ajuntam meramente, do jeito que der, para seguir em busca de um objetivo qualquer, ou simplesmente passar pela vida... e pronto. Não. A família, projeto de Deus, é muito mais do que isso: é a união de duas pessoas que se amam e que, porque se amam, planejam multiplicar-se em amor. Elas formam um grupo voltado a viver dignamente, de geração em geração. A família é o núcleo da sociedade, o elemento formador dos melhores cidadãos — pessoas justas, ordeiras, que fazem diferença onde vivem. Os membros da família cristã têm fé em um Deus único e soberano, a quem tributam honra e poder e de quem recebem orientação para a condução de sua vida e a criação de filhos. Essa família é formada por pessoas que fazem parte do Corpo de Cristo e se reúnem nos mais diversos lugares do planeta.

Certa vez, recebi pela internet um desses textos que viajam o ciberespaço, de autoria de Alexa Guerra. Era uma apresentação em Power Point intitulada *Museu da família* e que chamou minha atenção. Resolvi abrir. Ao final, impactada, fiquei por minutos parada na frente do computador. Fui levada a uma viagem no tempo, até a época em que não havia a menor possibilidade de algo daquele tipo ser escrito. Por quê? Porque não se podia nem cogitar que haveria famílias em um museu, como algo pertencente ao passado. O texto apresentava as famílias como criação absoluta de Deus, habitantes de um lugar chamado *lar*. Mas, subitamente, aquele modelo perfeito passou a se desintegrar, o que fez surgir muitas perguntas: por que as famílias não estão mais nos lares? Por que não são mais o pai, a mãe, os filhos, os avós e tantos outros? Por que alguns defendem que a família nem mesmo é uma criação de Deus? O que aconteceu com a família ao longo do tempo? Onde foi parar o colo do papai e o abraço apertado da mamãe? O que ocorreu com a disciplina e os limites, que faziam parte do amor cuidadoso dos pais? E com o olhar severo, mas carinhoso, do vovô; e as doces, mas firmes, mãos da vovó? Onde estão os tios, os primos, os amigos de infância, os íntimos da nossa casa? O que fizemos com a nossa família?

Ao ler aquele texto, dei-me conta da gravidade dessas perguntas.

Também percebi que precisamos com urgência salvar o calor de nossos abraços apertados e verdadeiros, a cumplicidade do olhar entre irmãos, o som gostoso das gargalhadas à mesa, as visitas surpresa cheias de alegrias, a esperança do coração e tantas coisas boas mais.

"Como foi o fim da família?", o texto pergunta. Ele próprio responde: "Bem, é uma longa história...". É mesmo. É uma história de descuido, negligência, ambição, vaidade, egoísmo, ganância, desamor, falta de Deus. Foi assim que as famílias começaram a desaparecer. E é assim que continuamos deixando-as desaparecer. Seria possível resgatá-las? Estaria em tempo de pedir a elas que voltassem? Será que, depois de tudo o que fizemos e fazemos, Deus vai ouvir nossas orações e dar uma nova chance às famílias? Ou será tarde demais?

Não, não é tarde demais, ainda há esperança. Precisamos todos lutar até as últimas consequências por nossas famílias, porque, se não o fizermos, com toda a certeza alguém lutará — mas para destruí-las.

Sou coordenadora de um movimento de mães que oram por seus filhos, o Desperta Débora. São mães que acreditam que a última palavra na vida dos filhos e da família não vem deste mundo perverso, que jaz no Maligno, com valores distorcidos e estratégias do mal, mas, sim, de Jesus Cristo. Há uma frase muito divulgada no Desperta Débora: "Não pomos filhos no mundo para povoar o inferno; nós os queremos rendidos aos pés do Senhor". Pois ninguém planeja formar uma família para fracassar.

Mas como ter uma família saudável com tanto estresse, tantas cobranças, com uma vida corrida tão louca? Como combater uma realidade de vida que revela famílias divididas e incompletas? Como manter os casamentos e as famílias intactas perante tantos ataques? Nessa época de pós-modernidade, as distâncias foram encurtadas e o mundo está aos nossos pés, ou melhor, em nossas mãos — por meio da internet, de *smartphones* e todo tipo de meio de comunicação globalizado. No entanto, a distância entre os integrantes das famílias parece seguir pelo caminho inverso e aumenta cada vez mais. Problemas? Sempre os tivemos, mas, antes, o mundo era aquele ao nosso redor, mais fácil de ser controlado. Hoje, o que podemos fazer para salvar nossas famílias, nossos filhos?

Oração.

Esse é o campo de batalha das Déboras.

As mães Déboras clamam ao Senhor para que seja levantada uma geração comprometida que faça a diferença aonde Deus a enviar. E essa oração inclui o pedido de que cada integrante se comprometa em restaurar as famílias, segundo o modelo em Salmos 128.1: "Como é feliz quem teme o SENHOR, quem anda em seus caminhos!". É isso que precisamos ensinar aos nossos filhos. Deus criou a família e ele nos conduzirá no trabalho de trazê-la de volta.

A oração da igreja pela família

Jesus foi um grande mestre para seus discípulos. Como sabia que seu tempo com eles não seria longo, somente três anos, e que a maioria dos alunos eram pessoas simples, sem instrução, ele teve urgência em prepará-los para a mais importante missão da vida deles: pregar o evangelho. O Senhor elaborou o que podemos chamar de um "curso intensivo" e, como parte do currículo, os ensinou a orar. Mais do que isso: ele os levou a orar.

O pregador Charles Spurgeon escreveu: "Sempre que Deus deseja realizar algo, ele conclama o seu povo para orar." Já Charles Swindoll afirmou: "A ferramenta mais eficiente do cristão é a oração". Se isso é verdade, por que, então, a igreja deve orar pelas famílias? Essa responsabilidade não é de cada membro da família? Não é dos interessados e dos responsáveis? Será que a igreja já não está assoberbada com tantos outros trabalhos? Por que interceder justamente pelas famílias?

São muitas as razões. Quando falamos sobre família, sobre ela ser um projeto de Deus, ressaltamos quanto essa instituição divina tem enfrentado dificuldades, quanto está sendo atacada, quanto a família idealizada por Deus está a ponto de desaparecer. Os desarranjos familiares são uma das grandes dificuldades de a Igreja avançar no que se refere a disseminar a Palavra de Deus, enchendo o mundo com as boas-novas de Cristo.

A Igreja precisa se preocupar também com um opositor que não para de trabalhar: Satanás. Ele e seus exércitos não descansam, não facilitam, não baixam a guarda, e seu alvo mais importante é a Igreja. O Inimigo direciona seus esforços a ataques contra o Corpo de Cristo, como alerta o apóstolo Pedro: "Estejam alerta e vigiem. O Diabo, o inimigo de vocês, anda ao redor como leão, rugindo e procurando a quem possa devorar" (1Pe 5.8). Por isso, os líderes precisam motivar os demais cristãos a uma vida de oração. Repare que não basta orar, é fundamental, vital, ter uma vida de oração perseverante. Jesus contou certa vez uma parábola sobre esse assunto, a da viúva persistente (cf. Lc 18.1-5). Mais à frente no relato bíblico, o Senhor enfatiza: "É perseverando que vocês obterão a vida" (Lc 21.19). Para ser perseverante na oração pelas famílias e esperar o tempo de Deus agir, algumas atitudes precisam ser tomadas:

- Não olhar as circunstâncias, por mais difíceis que elas sejam.

- Estar no centro da vontade de Deus.
- Obedecer à vontade divina.
- Entregar tudo nas mãos do Senhor.
- Confiar que a resposta certa vem de Deus.

Diz o salmista: "Levanto os meus olhos para os montes e pergunto: De onde me vem o socorro?". Ele mesmo responde: "O meu socorro vem do SENHOR" (Sl 121.1-2). Quem precisa de socorro é quem está em uma situação difícil. Nessa passagem, o salmista reconhece que Deus está alerta ao grito do nosso coração e que devemos confiar nele em qualquer circunstância. O Senhor não dá as costas para os problemas que vêm assolando as famílias que seguem o padrão bíblico.

O poder da igreja que ora pela família se revela por meio da vida de oração de seus membros. A oração do Corpo de Cristo une todos em cumplicidade e companheirismo, em busca de maior intimidade com Deus. Quando procura relacionar-se de modo profundo, pessoal e íntimo com seu Criador, é pela oração que a Igreja encontra a porta para esse relacionamento — o qual, quando alcançado, transborda ao redor em fé, alegria e esperança, motivando tudo e todos e mostrando ser esse o caminho para atravessar os desertos da vida, os vales de trevas e de morte e as montanhas mais altas. É algo que vem de dentro para fora, que flui do interior para contagiar todos os que estão ao redor. É a Igreja exercendo o seu papel relevante de levar luz para onde há trevas.

Vivemos dias conturbados, em que a sociedade é assolada por valores distorcidos. Chegamos ao extremo de ver pais se levantarem contra filhos e filhos contra pais;

famílias em guerra; conflitos entre parentes. Falta paz e união no seio das famílias. Para uma sociedade ser estável, ela precisa de famílias equilibradas. Para vivermos em paz e harmonia, desfrutando de momentos felizes e de realizações gratificantes, precisamos de famílias saudáveis. É fundamental atentar, no entanto, para o fato de que famílias saudáveis não significam famílias perfeitas. Isso é algo que não existe. O que há são famílias formadas por pessoas com defeitos, e que podem fazer sobressair suas qualidades. Todos têm características boas a transmitir, as quais contribuem para a felicidade no lar.

Precisamos ser honestos em relação às nossas fraquezas. Temos de saber e entender que somos limitados pecadores e que sem o Senhor nada podemos fazer. Mas também precisamos ter o conhecimento de que a mão de Deus nos leva em direção a Cristo, autor e consumador da nossa fé. Não fomos nós que escolhemos o Senhor, mas, sim, ele que nos escolheu: "Vocês não me escolheram, mas eu os escolhi para irem e darem fruto, fruto que permaneça, a fim de que o Pai lhes conceda o que pedirem em meu nome" (Jo 15.16).

São muitas as lutas por que passam as famílias. Uma delas é a epidemia das drogas. É destrutivo para qualquer núcleo familiar ver, por exemplo, um jovem de 18 anos dependente de drogas. As escolas e as universidades estão na linha de frente, abarrotadas de agentes do exército maligno, que causam um estrago grande a cada vítima escravizada por substâncias químicas que causam dependência e destruição.

Questões como a das drogas são prova de que a necessidade de oração pelas famílias nunca foi tão urgente. A igreja tem a grande responsabilidade de ser mobilizadora para a intercessão. As famílias, em geral, estão doentes, e o Corpo de Cristo precisa se posicionar para salvá-las enquanto é tempo. É imperativo haver uma forte ação no que se refere à oração pelas famílias nas igrejas, em um compromisso firme e em tempo investido, na compreensão de que famílias sadias geram igrejas fortes, além de um ambiente de autoconfiança e de paz entre todos. Todo núcleo familiar espiritualmente equilibrado viverá com mais serenidade e isso servirá de testemunho para que outras famílias também almejem encontrar esse caminho. O ganho é enorme para o trabalho do Senhor.

Paulo foi escolhido para pregar o evangelho aos gentios. Viajou muito, enfrentou inúmeros perigos, plantou sólidas igrejas e conduziu muitas vidas a Cristo. Mas, apesar de todo o sucesso e dos muitos anos de experiência, não se achava capaz. Ele não chegou a um patamar de soberba, de autossuficiência na vida pessoal e no ministério. O apóstolo ainda tinha plena consciência de que precisava das orações dos irmãos e irmãs. E ele não pedia oração apenas a pastores, presbíteros ou diáconos, mas a toda a Igreja. Paulo necessitava da intercessão de todos os irmãos para que pudesse proclamar o evangelho, mesmo diante de pessoas avessas à mensagem da cruz, como um imperador romano terrível e poderoso. E a Igreja, solidária, orava por ele, que era um embaixador de Deus, seja na prisão, seja fora dela — a oração era o grande segredo para o exercício de seu trabalho. Em Atos dos Apóstolos, vemos registros diversos de grandes momentos de intercessão da igreja. Outro apóstolo, Pedro, também foi beneficiado pela oração dos membros do Corpo de Cristo em momentos críticos de seu ministério:

> Nessa ocasião, o rei Herodes prendeu alguns que pertenciam à igreja, com a intenção de maltratá-los, e mandou matar à espada Tiago, irmão de João. Vendo que isso agradava aos judeus, prosseguiu, prendendo também Pedro durante a festa dos pães sem fermento. Tendo-o prendido, lançou-o no cárcere, entregando-o para ser guardado por quatro escoltas de quatro soldados cada uma. Herodes pretendia submetê-lo a julgamento público depois da Páscoa. Pedro, então, ficou detido na prisão, mas a igreja orava intensamente a Deus por ele.
>
> Atos dos Apóstolos 12.1-5

E hoje? Quanto de seu tempo a Igreja dedica à oração pelas famílias? Seríamos capazes de afirmar que o Corpo de Cristo tem priorizado a intercessão? Estarão as igrejas com as famílias bem cobertas pela oração e, como resposta, estarão vendo a força desse poder? Será que vidas estão sendo salvas; famílias, restauradas; e vidas, libertas, como testemunho para a glória de Deus? Ou estaremos vivendo uma realidade capenga, morna, sem objetivos que salguem a terra? Se a oração é o canal que nos leva para perto de Deus e nos faz conhecê-lo melhor e se a proximidade que sentimos pela oração é o que nos dá segurança para sabermos quem ele é, então a igreja que não ora, que não incentiva seus membros à oração, sentirá dificuldade de reconhecer a voz poderosa do Senhor. Entenda: a oração é o ponto de encontro entre Deus e o homem. É a conversa do coração. É o canal da esperança que se renova pela intimidade.

Nos círculos da vida por onde transitam as famílias, os inimigos são bem presentes e astutos. As setas inflamadas do Maligno de que fala Paulo estão por toda parte: "Além disso, usem o escudo da fé, com o qual vocês poderão apagar todas as setas inflamadas do Maligno" (Ef 6.16). É preciso estar preparado porque dificilmente sabemos quando as setas serão lançadas — por isso, muitas vezes elas chegam de surpresa e causam um imenso estrago. Outras vezes não chegam tão de surpresa, mas o prejuízo é igualmente enorme, devastador. A oração dos santos é a cobertura, o escudo da armadura que, na soma de esforços, protege todos. Não existe um exército vencedor sem treinamento, unidade, foco, oração.

A oração pelas famílias é um investimento monumental da Igreja. O Corpo de Cristo precisa investir pesadamente nas famílias, e orar por elas é um desses investimentos que têm retorno em forma de muitos frutos. A oração não muda Deus; muda a minha vida, a sua, a nossa família e o nosso entorno. Deus não muda, mas responde às orações pelas famílias! Ele é o maior interessado em fazer isso, pois o Senhor, mais do que qualquer outro, quer o sucesso do projeto que criou. Assim, quanto mais distantes as pessoas estiverem de Deus, mais dificuldades encontrarão para manter os relacionamentos familiares em harmonia. Os sinais de alerta estão por aí, qualquer um pode ver, e tudo o que é preciso fazer para salvar as famílias com certeza passa pelo caminho da oração.

Na Bíblia, temos bastantes exemplos de famílias que precisavam desesperadamente da ajuda de Jesus. Pais como Jairo, mães como a mulher cananeia e tantos outros enfrentaram situações que podem muito bem ocorrer hoje. Do mesmo modo, a ajuda do Senhor não cessou. Quantas vezes a má notícia chega e nos vemos carentes da mão estendida do Todo-poderoso: uma doença fatal, a família esfacelada, a descoberta de um familiar no vício das drogas ou do álcool, a violência que bate à porta sem pedir licença — tudo consequência de um mundo caído no pecado e que jaz no Maligno.

O que fazer diante da má notícia? Como reagir diante da chegada do "dia mau" descrito por Paulo: "Por isso, vistam toda a armadura de Deus, para que possam resistir no dia mau e permanecer inabaláveis, depois de terem feito tudo" (Ef 6.13)? Como fortalecer uma família como a de Jairo ou a da mãe cananeia para enfrentar o "dia mau"? Da mesma maneira que Jesus encorajou aquele pai desesperado, nos encoraja também hoje: "Não tenha medo; tão somente creia" (Mc 5.36). Não tenha medo, não desanime, não perca a esperança; Jesus está entre nós. A Igreja do Senhor — Corpo de Cristo na terra, canal de misericórdia para os feridos, abatidos e desanimados — tem de entender a importância de orar pelas famílias para que elas permaneçam de pé. A intercessão renova as forças dos que estão feridos, dos abatidos de espírito, dos desesperançados. A oração deve ser feita com fé, como nos ensina a mulher cananeia: "Senhor, Filho de Davi, tem misericórdia de mim!" (Mt 15.22). A fé é o remédio contra os medos e as angústias nas situações limítrofes. Por isso, a igreja tem de incentivar, promover e praticar a oração pelas famílias.

Certa vez, Jesus foi a uma cidade chamada Naim e, ao aproximar-se das portas da cidade, deparou com um cortejo fúnebre. O morto era o único filho de uma mulher viúva e uma grande multidão da cidade a acompanhava em sua dor. Ao ver essa mãe, Jesus teve misericórdia dela, disse-lhe para não chorar e, tocando o esquife, ordenou ao defunto que levantasse. O jovem ergueu-se, conversou, e Jesus o entregou à sua mãe. Quanta felicidade! Um detalhe nos chama a atenção nesse relato: a grande multidão que acompanhava a viúva. As pessoas ficaram sensíveis à dor daquela mulher e, por isso, solidariamente, a acompanharam. Jesus ainda não havia chegado; logo, aquelas pessoas não estavam ali por causa do Senhor e de seus milagres, mas, sim, por empatia e compaixão.

A Igreja atual deve meditar nesse fato. Apesar da frieza e da indiferença que percebemos no mundo, não podemos permitir que esses males se infiltrem em nosso meio e esfriem a ordem de Jesus para amar a Deus sobre todas as coisas e ao próximo como a nós mesmos. Que a intensidade da correria em que vivemos nos dias de hoje não banalize a importância da solidariedade e da responsabilidade com a oração pelos que precisam, dentro e fora das igrejas.

A oração da igreja pelas famílias é importante também para que os rendidos a Jesus tenham compromisso em passar às gerações seguintes o conhecimento de Deus, transmitir quem ele é. No livro de Juízes, vemos um alerta sério, que nos dá respaldo para essa preocupação:

> Josué, filho de Num, servo do SENHOR, morreu com a idade de cento e dez anos. Foi sepultado na terra de sua herança, em Timnate-Heres, nos montes de Efraim, ao norte do monte Gaás. Depois que toda aquela geração foi reunida a seus antepassados, surgiu uma nova geração que não conhecia o SENHOR e o que ele havia feito por Israel.
>
> Juízes 2.8-10

Não podemos nem devemos nos arriscar. Ao longo da história do homem, a mão de Deus está o tempo todo estendida, guardando, livrando, perdoando, dando novas chances, tocando o homem para que siga o Caminho, que é a verdade e a vida. As maravilhas que o Senhor tem feito nos deixam constrangidos, por sermos alvo de um amor infinito, imensurável, do qual não somos absolutamente dignos. As gerações futuras precisam saber disso para continuar com uma igreja forte.

A igreja, ao ensinar que o Senhor é o alicerce inabalável, rochedo forte que sustenta as famílias, deve se posicionar em oração para ser a resposta da busca de Deus por pessoas que estejam na brecha pelo povo. Só assim seguiremos no rumo certo, na jornada pela vida abundante que Jesus nos prometeu.

Poder da oração

Senhor, pomos nossa vida diante de ti, na esperança do perdão para nossos pecados, para tudo aquilo que dizemos, pensamos e fazemos e que entristece tanto o teu coração. Perdão, Pai! Como és maravilhoso! Obrigada por nos amares com teu amor incondicional. Obrigada pelo conhecimento de que és um Deus único e verdadeiro! Obrigada pelo teu Filho, que se sacrificou por nossa salvação!

Pai, entendemos a urgência do momento em que vivemos. Sabemos que tens os melhores planos para a nossa vida e que nenhum deles pode ser frustrado. Mas o mundo se levanta no Maligno para conspirar contra os teus, contra a tua Igreja, e, por isso, precisamos de muita fé e força, de perseverança para continuar. Vem em nosso socorro! Vem em socorro de nossas famílias! Vem em socorro de nossos filhos; de nossos jovens, que, indefesos, estão à mercê daquele que deseja tragá-los.

Aparentemente, a luta é desigual; aos olhos do mundo, ela está perdida, mas sabemos que és Senhor da história, Deus soberano, e que todas as coisas estão submissas à tua vontade. Abre os olhos do nosso coração para que, pela fé, tenhamos certeza do que não vemos e esperemos pelo que ainda não chegou.

Apresentamos a ti as famílias. Anula todo mal que esteja sobre elas. Que toda arma preparada pelo Maligno para destruí-las não prospere. Cala, Senhor, toda língua que profere palavras de desordem! Oramos pela paz nas famílias, pelo amor e pela harmonia entre seus membros. Oramos pelas escolas e universidades, onde nossos filhos passam a maior parte do dia. Livra-os de toda informação que os leve para longe da tua Palavra e que os afaste de teus caminhos. Só tu tens as palavras de vida eterna; as demais são caminhos de morte. Livra-os, Senhor!

Clamamos por tua Igreja. Fortalece os líderes para que testemunhem dignamente a tua Palavra e façam discípulos por onde tu os enviares. Aviva a tua Igreja, Senhor, abre os olhos espirituais dos teus, Pai. O mundo precisa mais do que nunca de uma Igreja forte, bíblica, que testemunhe teu poder. Levanta a Igreja como arma poderosa para enfrentar em oração aqueles que querem destruí-la. Uma guerra está sendo travada, e sabemos que estamos do lado vencedor e que temos à nossa frente o Senhor dos Exércitos.

Dá-nos um coração ensinável. Pedimos que nosso caminhar diário seja em constante oração e intimidade contigo. Que em nossos lábios haja sempre um hino de louvor a ti! Aleluia! Ouve, Senhor, a nossa oração, dá ouvidos à nossa súplica; responde-nos por tua fidelidade e por tua justiça. Oramos em nome de Jesus. Amém.

Poder da Palavra

Aleluia! Darei graças ao SENHOR de todo o coração na reunião da congregação dos justos.

Salmos 111.1

E eu farei o que vocês pedirem em meu nome, para que o Pai seja glorificado no Filho.

João 14.13

Minha oração não é apenas por eles. Rogo também por aqueles que crerão em mim, por meio da mensagem deles, para que todos sejam um, Pai, como tu estás em mim e eu em ti. Que eles também estejam em nós, para que o mundo creia que tu me enviaste.

João 17.20-21

Eles se dedicavam ao ensino dos apóstolos e à comunhão, ao partir do pão e às orações. Todos estavam cheios de temor, e muitas maravilhas e sinais eram feitos pelos apóstolos. Os que criam mantinham-se unidos e tinham tudo em comum.

Atos dos Apóstolos 2.42-44

Nisto conhecemos o que é o amor: Jesus Cristo deu a sua vida por nós, e devemos dar a nossa vida por nossos irmãos.

1João 3.16

7

O poder da igreja que ora pelas necessidades diárias

Devi Titus

Jesus nos ensinou, na oração do pai-nosso, que é correto e bom pedirmos ao Pai soluções para nossas necessidades diárias. É importante investirmos esforços para sustentar a família, mas nunca podemos nos esquecer de que o principal é conhecer a Deus. Por isso, ao longo de toda a vida, sempre fiz a seguinte pergunta ao Senhor em momentos de dificuldade: "O que posso aprender com esta situação? Como posso conhecer-te melhor?". Só quem tem pureza no coração consegue priorizar a busca pelo reino de Deus, sabendo que, se o buscarmos em primeiro lugar, tudo o mais nos será acrescentado. Vamos analisar algumas questões importantes sobre a oração pelas necessidades diárias, de acordo com os padrões bíblicos e em sintonia com a vontade soberana do Pai celestial.

Ore priorizando o conhecimento de Deus

Jesus nos ensinou a orar pelo pão de cada dia, ou seja, pelas necessidades diárias, e isso deve ser feito com pureza de coração. Jesus disse: "Bem-aventurados os puros de coração, pois verão a Deus" (Mt 5.8). Não pense que o Mestre estava se referindo apenas a alimentos; nossa necessidade diária mais importante é conhecer a Deus e entender seu reino. O Senhor é nosso Rei, e a ele pertence tudo o que temos. Somos apenas administradoras daquilo que ele provê. Jesus ensinou que devemos iniciar as orações declarando que Deus é nosso Pai, que somos sua família e seu "reino" neste mundo: "Pai nosso, que estás nos céus! Santificado seja o teu nome. Venha o teu Reino; seja feita a tua vontade, assim na terra como no céu" (Mt 6.9-10).

Sendo assim, como devemos orar por nossas necessidades e pelas de nossa família? Lembre-se das palavras de Cristo: "Eu sou o caminho, a verdade e a vida. Ninguém vem ao Pai, a não ser por mim" (Jo 14.6). Ora, se entendemos que conhecer a Deus é nossa maior necessidade diária e que Jesus afirmou ser ele o único caminho para o Pai, devemos pedir que nós e aqueles que amamos consigamos conhecer a Deus por meio de Cristo.

Eu entreguei minha vida a Jesus quando tinha 14 anos. Meu marido, aos 4 anos. Nós dois crescemos frequentando a igreja com nossas famílias, que eram muito comprometidas com o evangelho. E foi assim, também, que criamos nossos filhos. Entretanto, temos plena consciência de que viver uma vida de fé, aprender os princípios de Deus e desfrutar dos benefícios espirituais é uma decisão a ser tomada diariamente. Sei que as escolhas que faço hoje produzem meu destino amanhã, segundo a vontade soberana do Senhor. Por isso, quero tomar as decisões corretas e desejo que cada membro de minha família faça o mesmo. Todos os dias, oro para que meus familiares façam escolhas dignas da vontade de Deus.

Ore segundo os princípios divinos

No início, Deus forneceu comida e abrigo para o ser humano. As árvores no jardim do Éden proporcionavam sombra e proteção, e a vegetação oferecia alimento para Adão e Eva. Depois que o homem decidiu caminhar por conta própria, o Senhor disse (parafraseando): "Se é assim, então que seja. Você pode cuidar de si mesmo, trabalhando duro, para colher o que plantar e, assim, ter a própria comida".

Quando oramos por nossas necessidades de cada dia, lembramos que Deus nos sustentará por meio do trabalho, e também que ele fará isso ao nos ouvir conversar com ele. Afinal, o Senhor é nosso Pai, e ele deseja que falemos sobre aquilo que precisamos e que é importante para nós — em outras palavras, os nossos desejos. Tanto as necessidades quanto os desejos são importantes para ele. É dessa forma que nosso relacionamento com o Senhor se desenvolve.

Deus nunca pretendeu nos sustentar caso fôssemos preguiçosos e indispostos a trabalhar. Ao orarmos, porém, ele aumenta nossa capacidade, nossa criatividade e as oportunidades de realizarmos muito mais do que imaginaríamos ser possível. Assim, pedir um bom emprego, por exemplo, é uma forma importante de orar para Deus nos abençoar dentro dos princípios de provisão divina. "Àquele que é capaz de fazer infinitamente mais do que tudo o que pedimos ou pensamos, de acordo com o seu poder que atua em nós, a ele seja a glória na igreja e em Cristo Jesus, por todas as gerações, para todo o sempre!" (Ef 3.20-21). Isso significa que, se você fizer sua parte de acordo com a vontade de Deus revelada nas Escrituras, ele fará o impossível em seu favor, e você se tornará uma testemunha do poder milagroso do Senhor em sua vida.

Deus é um Pai generoso, que tem prazer em cuidar de seus filhos. Quando você ora, está agindo em conformidade com o querer divino. Quando você adota os princípios bíblicos, está compartilhando do caráter de Cristo, e isso se reflete em sua força e alegria. As gerações seguintes terão um modelo a seguir; um exemplo da generosa provisão de Deus, que vai além de todas as expectativas.

Um de nossos netos, apaixonado pelo ministério de louvor, não buscou alcançar uma formação universitária tradicional. Ele obteve êxito na indústria da música e, sendo um baterista de talento, viajou e fez gravações com muitos artistas conhecidos. Depois de se casar, aquele estilo de vida já não lhe parecia adequado para um relacionamento familiar saudável; por isso, começou a procurar emprego em empresas. Embora seja muito inteligente e criativo, ele não tinha ensino superior, algo que lhe permitisse ganhar mais que um salário mínimo — a menos que Deus interviesse.

Brandon tinha priorizado o Senhor em sua vida e, agora, precisava confiar nele para que o impossível fosse feito. Todos oramos para que o Pai o guiasse a um bom emprego. Ele teve uma inspiração súbita e formatou um currículo nada convencional: usou a imaginação, a capacidade intelectual e a engenhosidade para concorrer a um emprego que ele sabia que poderia realizar bem. Se houvesse simplesmente preenchido um formulário tradicional, não teria revelado suas verdadeiras habilidades. A originalidade daquele currículo fez que fosse chamado para uma entrevista e conseguisse o emprego. E o trabalho árduo lhe proporcionou as recompensas devidas por suas realizações. Por meio de suas orações e de sua obediência, Brandon agiu segundo os princípios de Deus, que excedeu suas expectativas muito além do que muitos pensariam ser possível.

Creio que a vontade do Senhor é fazer o impossível também em sua vida. Para isso, peça a ele, ponha-o em primeiro lugar e aja com base nos princípios divinos!

Ore consciente de que Deus tem coração de Pai

Certa vez fui com minha bisneta de 5 anos a uma loja de roupas. Antes de entrarmos, eu lhe pedi que me mostrasse tudo de que gostasse. Ela saiu correndo pelos corredores, dizendo: "Olha só, Mimi, não é lindo?", "Gosto muito disto aqui!", "Uau, isto é legal demais!". Rimos, conversamos e soltamos a imaginação. Pegamos alguns itens das prateleiras e entramos no provador. Ela estava muito agradecida e empolgada pelas roupas que escolhemos. Sentia-se amada e especial, pronta para começar seu primeiro dia de aula.

Perto de nós, ouvi uma mãe dizer à filha: "Pare de pedir tanta coisa. Não quero ouvir 'Gostei disto' outra vez!". Aquela menina ficou emburrada, lamentando e reclamando. Tinha medo de dizer ou pedir algo errado. Temia que suas ideias fossem caladas pela mãe irritada. Naquele mesmo local, havia duas garotas: uma se sentia amada; a outra, não.

Deus, que é seu Pai, sabe do que você precisa antes mesmo de perguntar. Ele deseja lhe dar muito mais do que você pode imaginar. O Senhor é generoso e só tem o melhor em mente. Deus não mede seu valor por aquilo que você possui ou pela roupa que veste; o que o Pai valoriza é um coração voltado para ele e a maneira com que você trata as pessoas. Você é generosa, amável e gentil? Confia em Deus, e os outros podem confiar em você? São perguntas como essas que o Senhor quer ver respondidas, e as respostas virão por meio de seu comportamento. O Pai anseia que você lhe mostre e converse com ele sobre tudo o que ama, porque você é importante para o Senhor. Também quer saber do que você tem medo e por quê. Pedir ao Senhor é diferente de mandá-lo fazer algo; é submeter-se à sua divina vontade.

Minha bisneta pediu um *short* e uma camiseta. Comprei alguns vestidos bonitos para ela, que estaria satisfeita em receber presentes simples, mas eu fiz que ela se vestisse como uma princesa. Embora tivesse pedido algo diferente, ela adorou o que lhe dei.

Minhas atitudes refletem muito do que aprendi com meu pai. Ele era um homem simples, mas sábio. Era trabalhador, honesto e dividia com os outros o pouco que possuía. Por ter trabalhado duro para nos sustentar, tinha suas exigências quando éramos crianças: não podíamos desperdiçar nada, precisávamos cuidar do que era nosso e também tínhamos de trabalhar, para que valorizássemos aquilo de que gostávamos. Meu pai amava a Deus e demonstrava seu amor pelo modo com que amava o próximo. Ele sabia o que era o melhor para mim. Tínhamos o que comer todos os dias, além de uma casa confortável, e minha mãe fazia a maioria de nossas roupas. Se papai achasse que eu não era capaz de cuidar de algo, simplesmente não me dava. Cuidava de mim de forma apropriada para minha idade e maturidade.

Eu não poderia dirigir um carro, por exemplo, enquanto não estivesse pronta para isso. Mas, assim que alcancei a idade necessária, desenvolvi a responsabilidade e fui bem instruída, o que fez meu pai permitir que eu usasse seu automóvel.

Do mesmo modo, Deus sabe do que precisamos e, também, quando é o momento certo para nos dar. Às vezes, não sabemos o que é o melhor para nós, nem entendemos o tempo e o modo de o Senhor agir em nosso favor. O que de fato sabemos é que o Pai celestial conhece o que de fato é importante para nós (cf. Mt 6.32). Você pode confiar nele, pois o Senhor cuida de você.

Papai adorava me ouvir falar de meus sonhos. Sempre permitia que eu lhe pedisse qualquer coisa, fosse algo razoável ou não, pois minha lista de desejos lhe revelava meu coração. Isso não significa que ele pegasse o carro e fosse até o centro da cidade para comprar tudo o que eu queria. A sabedoria dele era maior que aquilo que eu entendia ser o melhor para mim. De algum modo, porém, pedir me dava a satisfação de que meu pai me conhecia, me amava e queria que eu tivesse o melhor. Como confiava nele, eu não esperava ansiosa até que ele me desse o que eu queria. Não. Na verdade, eu logo me esquecia daquelas coisas todas. Era então que papai me dava de surpresa algo que eu tinha pedido, como foi com minha primeira bicicleta. Muitas vezes, Deus age de modo muito parecido: "Perto está o Senhor. Não andem ansiosos por coisa alguma, mas em tudo, pela oração e súplicas, e com ação de graças, apresentem seus pedidos a Deus. E a paz de Deus, que excede todo o entendimento, guardará o coração e a mente de vocês em Cristo Jesus" (Fp 4.5-7).

Ansiedade e confiança não convivem

A ansiedade quanto ao que vamos comer e vestir e quanto a onde vamos morar é o oposto de confiar em Deus para o nosso sustento. Ansiedade e confiança não convivem. Jesus falou com toda a clareza sobre onde deve estar nosso foco. Embora seja ele quem torne possível aquilo de que precisamos, o Senhor nos instrui a não nos preocuparmos com tais coisas. "Não se preocupem com sua própria vida", disse Jesus (Mt 6.25). "Busquem, pois, em primeiro lugar o Reino de Deus e a sua justiça, e todas essas coisas lhes serão acrescentadas" (v. 33).

Ansiedade é sinal de que não confiamos plenamente em Deus quando oramos por nossas necessidades diárias. Ela surge porque não lhe entregamos de fato o controle das circunstâncias. Quando tudo está seguro, a confiança não parece necessária; mas é quando a situação aperta que nossa fé é testada.

Deus tem total interesse em tudo o que diz respeito à sua vida. Não há assunto nenhum sobre o qual ele não queira ouvir você falar; por isso, converse com Deus em oração e súplica. "Suplicar" é pedir ou implorar por algo com fervor e humildade. Foi assim que Jesus orou a Deus no Getsêmani: ele "prostrou-se com o rosto em terra e orou: 'Meu Pai, se for possível, afasta de mim este cálice...'" (Mt 26.39). O sofrimento que Cristo sentia era muito grande, tanto que ele chega a pedir a Deus outra forma de realizar a redenção, que não o plano de salvação por meio de sua morte na cruz. Compreendemos que Jesus, naquele momento, desejou algo diferente, uma saída que evitasse o suplício pelo qual passaria. É como se dissesse: "Por favor, mude de ideia". Mas, como sempre fez, mais uma vez submeteu sua vontade à do Pai e disse: "Contudo, não seja como eu quero, mas sim como tu queres".

O Senhor nos permite pedir constantemente. Na verdade, ele gosta muito quando confiamos e dependemos dele. Quando minha situação vai além de meu controle é que me mostro humilde, me prostro com o rosto em terra e me humilho quanto for possível para, assim, clamar por socorro.

Minha filha Trina buscou a mão do Senhor e confiou nele para que a guiasse quando enfrentou condições que transformaram toda a sua vida. A família cristã de nossa filha, com quatro filhos e um marido amoroso, enfrentou uma jornada que não pretendia trilhar. Trina descobriu que o marido mantinha, havia um ano, um relacionamento extraconjugal. Era algo impensável, inimaginável. Eles iam à igreja juntos, saíam à noite e nunca discutiam. Aquele homem amava os filhos e era técnico dos times de futebol e de beisebol em que eles jogavam, além de ser um empresário respeitado na comunidade. Como era possível? O que ela considerava segurança já não existia mais.

O marido saiu de casa. O futuro da família era imprevisível. Trina se viu forçada a confiar em Deus em áreas nas quais nunca imaginou precisar. Juntos, ela e os quatro filhos, com idade entre 8 e 17 anos, sentavam-se na sala de estar e oravam todas as noites. Durante meses, pediram a Deus que suprisse suas verdadeiras necessidades, confiando a ele o futuro. Primeiro, clamaram para que o pai e marido voltasse para casa, pois queriam que ele se arrependesse dos pecados e retornasse ao seio da família. Submeteram o futuro ao Senhor e pediram sabedoria, orientação, provisão e direção em suas decisões diárias.

Relataram a Deus os desejos de todos e depositaram nele sua confiança, sem medo. Desse modo, não criaram impedimentos para que o Todo-poderoso assumisse o controle. Muitos meses se passaram, até que, enfim, aquele homem voltou para casa. As orações foram respondidas e a família foi restaurada.

Não raras vezes, desejamos respostas diárias às nossas necessidades, mas isso não costuma acontecer. E, se não acontecer, não desista: continue a orar, a pedir e a se submeter. Deus tem seus planos e motivos.

Peça com gratidão

Paulo nos orientou: "Não andem ansiosos por coisa alguma, mas em tudo, pela oração e súplicas, *e com ação de graças*, apresentem seus pedidos a Deus" (Fp 4.6). Devemos agradecer ao Senhor por aquilo que temos, ao mesmo tempo que lhe pedimos por aquilo que nos falta. Quando oramos, é importante fazê-lo com gratidão. Assim, o foco se mantém em Deus, e não em nós mesmos, e isso ocorre quando confiamos nele.

Larry e eu estamos casados há cinquenta anos. Cinco anos atrás, nos mudamos para outra região dos Estados Unidos. Vendemos boa parte do que possuíamos. Eu estava disposta a fazer mudanças radicais em nosso estilo de vida, a fim de termos a flexibilidade financeira necessária para realizar o que Deus nos chamou a fazer: viajar em obras missionárias para muitas nações, a fim de dar apoio a líderes e restaurar famílias. Essa mudança no ministério e no modo de viver exigia que reduzíssemos nossas despesas. Já não teríamos a garantia de um salário, como quando Larry liderava uma grande igreja local. Passamos a ter apenas um carro e nossa casa atual tem a metade do tamanho das outras em que moramos anteriormente.

A verdade é que Larry e eu somos parceiros de verdade na vida. Nós compartilhamos tudo do pouco que possuímos. Mas Larry é o nosso contador. Ele tem mais ciência do que eu sobre qual é nossa condição financeira a cada mês, e tenho confiança nele para gerir nossas despesas.

Se a situação aperta, fico contente mesmo que não compre nada. Obviamente, porém, também tenho minha lista de vontades! Pouco tempo atrás, comuniquei a Larry alguns de meus desejos, que exigiriam quantidades significativas de dinheiro. Quando fui conversar com ele, disse-lhe como eu era grata pela vida que temos juntos e pelo cuidado de Deus ao suprir todas as nossas necessidades, mas também comentei que eu tinha algumas vontades ainda não atendidas e esperava que ele concordasse em adquirir o que eu desejava. Se ele estivesse de acordo, nós nos juntaríamos para definir as metas que poderíamos alcançar. Mas, se não, arriscaríamos gastar dinheiro à toa, sem atingir meta nenhuma e perdendo a paz.

É assim que Deus espera que ajamos. Ele anseia que sejamos sempre gratos pelo que temos, mas que falemos com ele sobre o que queremos — nossas necessidades e nossos desejos. Quando nosso querer está em concordância com sua vontade soberana, aquilo se tornará possível. Entenda que é do agrado de Deus cuidar de você e, se você fez seus pedidos ao Pai com humildade e submissão, siga adiante. Confie em Deus e não fique ansiosa com o resultado. Busque o reino em primeiro lugar e seu Pai lhe dará tudo de que você precisa.

Um coração grato nos proporciona contentamento e paz.

ACIMA DE TUDO, ORE COM PAZ NO CORAÇÃO

Meu pai sempre disse a mim e a meus irmãos: "Não deixem que ninguém tome a paz de vocês. Se perderem a paz, então as circunstâncias não estão de acordo com a vontade de Deus". Essa, na verdade, é uma forma diferente de ratificar as palavras de Paulo: "E a paz de Deus, que excede todo o entendimento, guardará o coração e a mente de vocês em Cristo Jesus" (Fp 4.7).

Quando você sucumbe à autopiedade, começa a ver o mundo negativamente. As necessidades parecem insuperáveis. Os relacionamentos tornam-se difíceis. Os filhos dão problemas. O emprego parece cada vez mais insuportável. Os pais ficam doentes. Só que tudo isso faz parte daquilo que chamamos de *vida*. Manter a paz quando estamos no meio do furacão é o que nos protege de ficar abatidos.

As Escrituras nos orientam a, depois de orarmos com gratidão, contar tudo a Deus e confiar nele. É quando devemos entregar nossa ansiedade nas mãos do Todo-poderoso. Nosso pensamento deve seguir as diretrizes de Paulo:

> Finalmente, irmãos, tudo o que for verdadeiro, tudo o que for nobre, tudo o que for correto, tudo o que for puro, tudo o que for amável, tudo o que for de boa fama, se houver algo de excelente ou digno de louvor, pensem nessas coisas. Ponham em prática tudo o que vocês aprenderam, receberam, ouviram e viram em mim. E o Deus da paz estará com vocês.
>
> Filipenses 4.8-9

A paz é possível. Mais do que isso, ela é a armadura que protege seu coração. Lembro-me de uma jovem mãe de três filhos que se encontrava diante de um grande dilema. Ela estava em um leito de hospital, repousando após o nascimento prematuro do terceiro filho, quando seu marido lhe disse que havia surgido uma oportunidade de promoção no emprego. Aquele homem trabalhava em tempo integral e cuidava dos outros dois filhos, de 2 e 4 anos. Ele havia completado a primeira etapa de entrevistas e, embora estivesse empolgado com a possibilidade de promoção, optou por conceder à esposa tempo para dar à luz o bebê. Três anos antes, eles haviam se mudado para a mesma cidade em que as famílias do casal viviam, pois era o sonho da esposa criar os filhos perto dos avós, na região em que ela crescera.

Se o marido aceitasse a mudança, que lhe daria uma renda maior, a família precisaria se mudar para outra cidade, que ficava a uma distância de três horas. A entrevista final se aproximava, e o empregador queria conversar com o casal. Quando o marido contou à esposa sobre a possibilidade, ela se mostrou irracional, intratável e resistente. Antes radiante, agora se revelava assustada, raivosa e ressentida; fechou-se para os outros e não queria ouvir ninguém. Eu orei com ela. Depois de muito conversarem em busca de uma solução, o marido pediu que ela ficasse sozinha com Deus, conversasse com o Senhor e ouvisse o que ele tinha a dizer. Em seu tempo sozinha com o Pai, aquela mulher escreveu:

> Orei pedindo convicção, e ele concedeu provisão.
> Orei pedindo posse, e ele expressou rendição.
> Orei pedindo segurança, e ele pediu fé.
>
> Ele orou pedindo intimidade, e eu ofereci rejeição.
> Ele orou pedindo honra, e eu expressei raiva.
> Ele orou pedindo respeito, e eu pedi controle.

A resposta de uma pessoa pode alterar seu futuro.
As ações de duas pessoas podem curar ou ferir.
A escolha de amar pode gerar bons frutos.

A resposta de Deus concede graça e misericórdia.
As ações de Deus fornecem disciplina e direção.
A escolha para crer no que Deus nos oferece é poderosa.

Olhar para o próprio espelho ajuda a responder por quê.
Olhar para os defeitos alheios faz a pessoa viver abaixo do padrão.
Olhar para Deus traz direção e paz que excede todo o entendimento.

Olhar para os olhos do próximo revela sentimentos não transmitidos verbalmente.
Olhar para o que o próximo tem a oferecer traz liberdade e comunhão.
Olhar para Deus traz revelação, alívio e restauração.

Deus falou com ela em meio à oração e plantou paz naquele coração angustiado. Agora, aquela mulher já consegue acompanhar o marido nas entrevistas. O resultado não está sob seu controle, mas ela confia a Deus o futuro da família e o emprego do marido, e sabe que o Senhor reserva o melhor para eles. Agora ela tem paz.

O Pai quer responder às orações que você faz por sua família. Confie nele para as necessidades diárias, desprenda-se delas e permita que Deus seja Deus na vida de cada familiar. Lembre-se: ele não a decepcionará!

Poder da oração

Querido Senhor, agradeço-te por Jesus e, em seu poderoso nome, venho te pedir por minha família. Agradeço-te pelo que tu já fizeste em nossa vida. Eu te louvo por aquilo que tens nos dado e peço que me ajudes a cuidar de tudo o que me confiaste. Afinal, tudo te pertence. Que nossa comida, nossa habitação e até nossas roupas glorifiquem o teu nome. Jesus, ajuda-me a não desperdiçar tempo, dinheiro ou talentos, mas dá-me um coração generoso para abençoar os outros com o que tu tens feito comigo.

Eu te agradeço pelo Espírito Santo que habita em cada membro cristão da minha família. Quanto àqueles que não firmaram compromisso contigo, Senhor, eu te peço que os convença de seus pecados e os atraia para o amor de Jesus, a fim de que experimentem teu poder. Confio que tu fortalecerás o caráter deles ao depararem com os fardos da vida. Mas não deixes que carreguem mais do que podem suportar. Confio em ti para ajudá-los a levar seus fardos e que isso se faça segundo a tua vontade e não a minha.

Oro para que cada familiar se realize na profissão em que atua. Dá-lhes empregos em que possam usar seus dons. Ajuda-os a tornar outros bem-sucedidos e a fazê-los prosperar em tudo, do mesmo modo que ocorre com eles. Dá-lhes corações servis e submissos para com aqueles que exercem autoridade sobre sua vida. E, quando meus familiares tiverem autoridade, torna-os sensíveis e gentis com relação a quem trabalha para eles.

Eu te amo! Agradeço de todo o meu coração pelo que tu dás à nossa família. Anseio ver o que mais tu nos confiarás. Em nome de Jesus eu oro. Amém.

Poder da Palavra

Os justos clamam, o SENHOR os ouve e os livra de todas as suas tribulações.

Salmos 34.17

Por isso lhes digo: Peçam, e lhes será dado; busquem, e encontrarão; batam, e a porta lhes será aberta. Pois todo o que pede, recebe; o que busca, encontra; e àquele que bate, a porta será aberta.

Lucas 11.9-10

Eu lhes asseguro que meu Pai dará tudo o que pedirem em meu nome.

João 16.23

A oração de um justo é poderosa e eficaz.

Tiago 5.16

8

O poder da igreja que ora por saúde física e emocional

Bianca Toledo

Orar por enfermos tem sido parte de minha rotina há alguns anos, desde que fui desafiada a crer em minha cura. Comecei minha vida cristã abalada por doenças emocionais profundas. Eu acreditava que já tinha enfrentado o bastante, mas meu relacionamento com Deus realmente passou por uma revolução somente depois que vivenciei a falência total do meu corpo físico. Tive de lutar contra uma enfermidade mortal e fui milagrosamente curada por meio do poder da oração.

Cresci numa família sem religião. Mas, desde criança, fui despertada voluntariamente para um amor inexplicável por Jesus, alimentado na escola cristã onde eu estudava. Não tive doenças graves na infância ou na adolescência que me fizessem pensar que um dia viria a precisar de um milagre, mas fui cercada desde cedo por transtornos emocionais decorrentes de um ambiente familiar cheio de conflitos. Muito nova, vivenciei o divórcio dos meus pais e vi adultos dominados por vícios. Além disso, fui vítima de comportamentos agressivos e violentos, o que acabou promovendo em mim uma personalidade insegura, compulsiva e irritável.

Quando tive minha primeira experiência com o Espírito Santo, aos 16 anos, eu tomava muitos remédios para ansiedade, vivia um quadro depressivo havia anos e apresentava dificuldades de relacionamento tidas como irreversíveis. O milagre começou com a descoberta do amor divino, que me libertou dos meus medos e, finalmente, pela primeira vez, fez que me sentisse segura. Agora eu tinha um defensor: Jesus de Nazaré.

Naquela época, percebi que precisava de uma transformação completa e de muitas curas na área emocional, para ser sarada das sequelas de abuso, depressão e vícios que me rodearam por toda a infância. A primeira percepção poderosa que tive foi de que o mundo não estava contra mim. Vi que meu entorno era conduzido pela maldade e eu não tinha como mudar isso. O que eu precisava fazer era livrar-me das marcas que ele tinha deixado em mim.

Minha rotina de oração era constante e a leitura da Palavra ocupava as madrugadas. Sedenta por respostas, eu lia a Bíblia e pedia ao Espírito Santo que me explicasse o que estava escrito naquele livro volumoso, cheio de poesias e nomes estranhos. Foi depois de alguns meses de leitura constante que tudo começou a fazer sentido para mim. Eu não precisava me defender mais da minha sombra, nem concentrar minhas energias colecionando falhas e fragilidades de todos para que, se eu precisasse, tivesse como me defender ou me vingar por meio da exposição cruel das debilidades alheias.

Eu não podia mudar o que tinha acontecido comigo; tampouco tinha como transformar as pessoas. Eu precisava perdoar todos quantos fosse preciso. Mais difícil ainda era perdoar a mim mesma, limpar meu coração para descobrir que o valor com que Deus me fez não foi alterado pelo que fizeram comigo. Reconhecer minhas falhas e abandonar o complexo de culpa era uma conquista moldada pela presença de Deus, quando em minhas listas e diários eu vigiava meu interior. Comecei a aprender como proteger minhas emoções, reconstruindo limites adequados que ensinassem as pessoas a me respeitar — como Deus estava me ensinando que deveria ser.

Ambientes abusivos na infância podem deformar a identidade de uma pessoa por toda a vida, mas a Palavra de Deus diz que, por causa da rica misericórdia do Senhor, temos a chance de apresentar nosso corpo como sacrifício vivo, santo e agradável a ele, como culto racional. Ou seja, a fé sincera e verdadeira em Jesus Cristo manifesta-se na obediência amorosa e dedicada à sua Palavra, ofertando nossa razão (pensamentos, sentimentos e vontades) para que o Senhor nos reconstrua, eliminando moldes e padrões destrutivos construídos ao longo de nossa história (cf. Rm 12.1-2).

Ao orar segundo a Palavra, eu direcionava minha mente e meu coração a ter fé no sobrenatural, que se aplicava naquele momento à possibilidade de visualizar uma chance de ser uma pessoa diferente; com pensamentos, sentimentos e desejos moldados pelos planos de Deus para mim. Isso era humanamente impossível. Mas, com os anos, o Espírito Santo me auxiliou nessa busca constante. Os resultados tornaram-se visíveis.

Hoje, vinte anos depois, os resultados do trabalho de reconstrução de meu coração são um milagre, obtido pela fé e pela perseverança de clamar por mim mesma em busca da intimidade com o Espírito Santo — manifesta em sabedoria para me compreender melhor e em força para reconhecer as falhas. Com a misericórdia, aprendi que, enquanto houver amor, haverá uma nova chance. O amor de Deus dura para sempre e o amanhecer testifica isso insistindo em renovar nossos dias.

A INTERCESSÃO DA IGREJA É FUNDAMENTAL

Pedir ajuda e encontrar intercessores e conselheiros sábios sempre foi importante para mim. A cura das emoções é impossível para quem vive só. Orgulho e autossuficiência são desastrosos na busca de cura emocional, visto que os relacionamentos não apenas nos testam, como também nos trazem cura.

Gerenciar pensamentos é preservar a mente firme no conhecimento da verdade que já temos e manter o coração em oração dirigida pelo Espírito Santo, o qual nos recorda de palavras que nos tiram do passado e conduzem às convicções acerca do que Deus pensa a nosso respeito (cf. Fp 3.13-14; Lm 3.21-24). Estar inserida em uma igreja local durante esses anos me manteve como alvo de oração tanto dos grupos de intercessão quanto de meus líderes. Sei que, enquanto eles oravam por mim, Deus agia ainda mais em meu favor. Eles certamente viam quanto eu poderia ser melhor e clamavam para que os planos do Senhor fossem completos em minha vida.

Fazer parte de uma comunidade cristã nos mantém constantemente como alvo de oração. E, sempre que nossos pastores e irmãos oram por nós e por nossas famílias, somos abençoados e fortalecidos. Por isso, afirmo que permanecer na igreja é fundamental para a cura completa. Esse desafio exige de nós o discernimento para perseverar a despeito das fragilidades humanas que se manifestam em qualquer comunidade. Encontre um lugar onde você possa crescer e aprenda a amar esse pedaço da família de fé, que também vai aprender a amar você. Suportar as dificuldades de congregar também faz parte da cura.

Viver em igreja é permitir ser conhecido e dispor-se a conhecer o outro, expondo as próprias necessidades e se compadecendo, em oração e auxílio, dos que precisam. Esse exercício nos aprimora muito. A oração é a semente de muitas bênçãos, mas a maioria dos cristãos não sabe disso porque recorre a tudo antes de recorrer a Deus. Porém, apenas no relacionamento íntimo com o Senhor é que encontramos a cura de todos os males.

Percebo que o conhecimento da Palavra de Deus e a prática da oração são aliados no fortalecimento de nossos conceitos a respeito da forma bíblica de orar. Não basta conhecer sobre o poder da oração e suas aplicações, mas não experimentá-lo, assim como não basta orar sem cessar e não saber como orar. O caminho para esse reconhecimento é cheio de fortes emoções e grandes desafios, uma jornada na qual nossa fé é provada a todo instante.

Devemos persistir nessa prática desafiadora e cheia de grandes descobertas, pois, assim, venceremos antigos obstáculos que antes pareciam intransponíveis devido a uma fé estática. Agora, com o auxílio do Espírito Santo, é totalmente possível superá-los.

Em muitos momentos da vida fui levada a orar por pessoas doentes fisicamente, mas não sabia como fazê-lo. Minha ignorância acerca do que a Bíblia diz a respeito da autoridade que Jesus nos concedeu mediante seu nome me impedia de ver que milagres poderiam acontecer. Mas, ainda assim, eu me sentia impelida a orar por cura. E, sempre que isso acontecia, eu me via como um canal para o poder de Deus.

A Bíblia afirma que Jesus veio destruir as obras do Diabo (cf. 1Jo 3.8), e, hoje, conseguimos combater o mesmo combate de Cristo mediante a oração. Não podemos deixar a agitação do dia a dia ou questionamentos variados prejudicarem nossa fé. Deus tinha um chamado para mim e, de alguma forma, eu sabia disso. Mas precisei enfrentar uma tragédia que eu jamais imaginaria para romper com minha antiga mania de me afastar da vontade do Senhor e, finalmente, me render à sua completa soberania. Hoje, quando oro por pessoas com doenças físicas e emocionais, experimento a manifestação do poder de Deus de uma forma tão maravilhosa como experimentei durante os momentos em que eu mesma fui curada por ele. E celebro cada cura como celebro diariamente a dádiva da vida.

O PODER DA UNIÃO E DA PERSEVERANÇA

Ao completar 31 anos, vivi uma experiência que mudou minha vida. Se hoje estou viva é porque Deus agiu para cumprir sua vontade por meio do poder da igreja que ora. Depois de clamar por muitos anos, fui curada de uma endometriose grave que me impedia de engravidar. Tive uma gravidez perfeita, apesar de não estar em uma fase emocionalmente estável. Eu havia me casado havia pouco mais de um ano, depois de um namoro relâmpago. Aceitei o pedido de casamento de alguém que eu pouco conhecia, prova de que, apesar de todo o trabalho que Deus já havia realizado em mim, minhas carências ainda não tinham sido totalmente supridas — certamente porque eu não havia deixado que o fossem.

Eu tinha o costume de escrever cartas para Deus. Nos momentos em que a angústia não me deixava falar, eu escrevia. No oitavo mês de gestação, enquanto sofria por perceber que tinha desobedecido a Deus em minhas escolhas de vida, redigi uma carta suplicando por socorro, pedindo que ele me livrasse e fizesse o que fosse preciso para que seu plano se cumprisse em mim. Eu não podia suportar a ideia de viver sem a certeza de estar cumprindo a vontade soberana de Deus.

Na manhã seguinte, acordei com fortes dores abdominais e fui levada às pressas para o hospital. Sofri uma ruptura no intestino, acabei tendo uma infecção grave e, em poucos dias, tive falência de muitos órgãos. As lesões foram tão graves que eram consideradas irrecuperáveis pela medicina e, se eu sobrevivesse, dificilmente ficaria sem sequelas permanentes. Justamente naquele período, Deus conectou pessoas em todo o mundo, por meio da minha igreja local, em um mover de compaixão que fazia até mesmo que irmãos e irmãs que eu desconhecia se dedicassem a um relógio de oração ininterrupta em meu favor. Em uma cesariana de emergência, meu filho nasceu com vida, mas não o conheci porque eu já estava inconsciente. Ele foi para casa, mas meu quadro se agravava diariamente.

Aquela foi a maior campanha de oração de que tenho conhecimento. Envolveu milhares de pessoas que nem sequer se conheciam, gente que clamava por alguém que também não conheciam. Parecia que Deus estava movimentando a Igreja por um caminho de misericórdia, para resgatar a consciência do poder da oração. Muitas pessoas que participaram desse esforço de intercessão simplesmente diziam que eram movidas a orar por mim; algumas se sentiam impelidas a interceder em meu favor duas, três vezes ao dia. Esses irmãos, de diversos países, estavam determinados a manter meu organismo funcionando por meio da oração.

E conseguiram.

Não há na literatura médica mundial um caso semelhante ao meu. Sofri um quadro terminal de falência cardiovascular, respiratória, renal, digestiva e hepática. Tive paradas cardíacas de mais de quinze minutos, em um corpo desfigurado e desenganado por alguns dos melhores profissionais do país. As orações eram feitas individualmente, em secreto, e também em grandes concentrações. Todos intercediam e se emocionavam pelo mover que os direcionava a clamar sem compreender. Apenas criam que o Deus para quem não há impossíveis era capaz de realizar algo sobrenatural.

Passei quatro meses e meio com falência aguda de todos os sistemas orgânicos e, quando a ciência desistiu, Deus me tomou nos braços e realizou uma obra inédita de restauração, sem que eu ficasse com nenhuma sequela. Exatamente no momento em que a equipe médica desistiu de tratar os órgãos e já estava na expectativa de realizar transplantes, tudo o que estava condenado voltou espontaneamente às funções normais. Ao perceber a recomposição dos órgãos, os especialistas passaram a usar termos como "impossível" e "inacreditável".

Não acredito que a oração de súplica de um coração contrito seja rejeitada por Deus. Minha memória registra muitos momentos de minha internação. Foram meses em coma e outros tantos lúcida, mas aprisionada em um corpo imóvel, ligado a máquinas. A intercessão ocorria em favor de cada detalhe do tratamento e de modo incessante. As pessoas oravam pelos médicos, pelas enfermeiras, pelos medicamentos e em favor de cada parte do meu organismo. Até por minhas emoções e vontades muitos se dedicaram a orar. A perseverança com que as pessoas oraram, por tantos meses, era um sinal de que Deus as movia a isso. Ele tinha um plano. Sei que ele leu a carta que escrevi na véspera de minha internação e estava mudando minha vida para sempre.

Aquela foi uma experiência única e revolucionária na vida de todos os que participaram dela, direta ou indiretamente. Jamais alguém poderia imaginar que tudo o que passei alcançaria para sempre o coração dos que tiveram contato com minha história. E tudo isso foi gerado em oração.

Era terrível e desafiador para familiares, amigos, ministros e pastores. Todos os que foram levados por Deus ao hospital viram pessoalmente um corpo destroçado, falido, com mais de 150 quilos por causa do inchaço, contaminado pelas piores bactérias da época, deitado em uma cama próxima às de outros pacientes terminais do centro de tratamento intensivo. E isso dia após dia, sem melhora, à espera de um milagre.

Todos os que oravam diziam crer na cura, mas, ao me ver naquelas condições, ficavam assombrados e clamavam a Deus para que lhes renovasse as próprias esperanças. Nem todos os que me viam conseguiam crer; estes saíam do hospital preparando o coração para minha partida.

Vencer o tempo de espera é um grande desafio quando falamos sobre orar pela cura de doenças. No meu caso

— ainda que fosse o único nos anais da medicina acerca de alguém que apresentava falência de todo o organismo durante meses sem que ocorresse óbito — havia pouca esperança. Eu já era um milagre.

Tomados por uma ousadia fora do normal, meus familiares insistiram em não desligar os aparelhos que me mantinham viva. Assim, meses se passaram, até que a equipe médica deu um basta. Os especialistas afirmaram já ter realizado tudo o que era possível e que não havia mais o que fazer. Os especialistas, frise-se, não Deus. Pois o Senhor tomou a glória para si e, em menos de uma semana, todos os órgãos voltaram a funcionar plenamente, sem sequelas. Aquilo causou enorme impacto na equipe médica, formada por *experts* em tratar pacientes em situação grave.

Depois de muito tempo, os boletins médicos que descreviam minha condição de saúde ainda eram divulgados pela internet, para informar intercessores de todo o mundo. Até hoje encontro quem diga não saber explicar por que permanecia orando por mim. Mas há muitos relatos de transformações pessoais de todos os tipos, ocorridas pela prática da oração constante e diária na vida daqueles que se comprometeram a orar em meu favor.

Curada para orar pela cura

Depois que meu organismo tornou-se minimamente equilibrado, recebi alta e voltei para casa. Eu estava deformada. Foi quando percebi quanto havia perdido. Eu já não era mais a mesma pessoa e, apesar da limitação de meus movimentos, eu falava com Deus em pensamento. "Espírito Santo, fica comigo!", eu orava. Essa simples oração preencheu minha mente, aflita por não saber o que dizer ou por não conhecer o futuro. E o Pai manifestou seu poder.

O poder da igreja que ora reside no fato de que essa intercessão gera salvação e resgate, transformação e fortalecimento. Mas, também, há cura de enfermidades físicas e emocionais. Naquele momento de total impotência, finalmente eu me rendi por completo. Isso tornou nítidas as mudanças, o que confirmou e exaltou a graça demonstrada pela ação divina. Deus completa tudo o que começa.

Hoje posso crer no poder de uma igreja que ora por cura física e emocional porque tenho vivenciado isso em meu ministério. Oro por milhares de enfermos todas as semanas e sou presenteada com a rica oportunidade de ver muitos curados e limpos pela verdade da Palavra de Deus. Meu caso tem uma característica específica: diversas denominações cristãs, até mesmo com doutrinas divergentes, se reuniram em um só objetivo: orar por minha vida. Então, vejo que a oração promove a união da Igreja, porque divergências não fazem sentido quando alguém está morrendo. O que ocorreu durante o processo que vivi é prova de que o amor vence as diferenças.

Cheguei em casa desfigurada e fisicamente fraca e dependente de uma cadeira de rodas, mas meu coração ouvia a voz de Deus. Aprendi que a espera também faz parte do processo de cura, pois, enquanto estamos na caminhada, Deus trabalha em nós. O Senhor me preenchia todas as vezes que eu clamava por ele, o que me livrou de qualquer trauma e preservou em mim um coração grato. Essa gratidão me impulsiona, hoje, a retribuir o bem que ele fez por mim. Cura deve gerar gratidão, sempre.

Orar por enfermos de alma e corpo é, muitas vezes, como interceder por alguém enfraquecido pelas impossibilidades e incapaz de ver o que nós enxergamos com os olhos espirituais. Nessas horas, é preciso ter fé por você e por quem você está orando, sem jamais esquecer que a cura vai além do bem-estar da pessoa: ela ocorre, principalmente, para a glória de Deus.

A oração foi — e é até hoje — o refúgio da minha alma. Seja qual for o motivo que nos leve a falar com Deus, sempre somos abençoados. Na oração, é como se, por alguns instantes, voltássemos para casa, para o lugar onde nossas baterias se recarregam, o refúgio onde sentimos o conforto de um abrigo no qual fomos formados. Ali, pela fé, também somos restaurados. Ao falarmos com o Pai, somos alimentadas pela certeza que nos faz visualizar o impossível, acreditar no improvável e falar a respeito do que será como se já fosse. Restauradas as esperanças, podemos voltar à rotina do cotidiano confiantes e com as forças renovadas.

São muitos os efeitos positivos de uma vida de oração. Quanto mais tempo dedicamos a falar com Deus e a ouvir sua voz, mais o conhecemos e menos falamos de nós, porque, quando o Criador abre seu coração, ficamos extasiadas. Nessa hora, percebemos que estávamos equivocadas em quase toda perspectiva de nós mesmas, de nosso próximo e do Senhor. O mundo em que vivemos tenta enganar nossos olhos e nosso coração, na tentativa de suprimir nossa fé ao ocultar o amor de Deus. Se permitirmos isso, ficaremos distantes do Senhor, perderemos o discernimento e confundiremos valores. Não podemos deixar que tal coisa ocorra. Mediante a oração, daremos importância ao que de fato merece nossa atenção e desprezaremos o que não é essencial.

Todas as áreas da minha vida foram inundadas pelo poder da oração e da consagração constantes. Hoje desfruto de saúde emocional e física, e minha vida ganhou propósitos. Mas não desisti de continuar crescendo: permanecer em oração, meditando na Palavra de Deus, nos mantém prontas para os desafios que o Senhor nos reserva. Estar em Deus é reconhecer esses desafios sem medo, sabendo que, em Jesus, serão superados.

Meu desejo é que você se sinta motivada a dedicar-se à oração, crendo que Jesus cura o corpo e a alma de forma plena, segundo sua soberana vontade, enquanto cumprimos o chamado de nossa perfeita vocação.

Poder da oração

Deus, meu Pai. Quero confiar em ti o bastante para entregar-te meu coração por inteiro. Minhas dúvidas não podem me impedir de viver tuas promessas. Meus medos não mais prevalecerão. Oro hoje, em tua presença, com o coração dedicado a conhecer-te mais e a compreender teus mistérios. Apresento-te minhas dores, fraquezas, limitações, falhas e doenças. Elas parecem mais fortes que eu, mas quero trazer à memória a tua força e o teu poder.

Hoje decido esquecer-me das coisas que ficaram para trás. Não serei mais dominada por meu passado. Vou prosseguir e ver tuas promessas se cumprirem em mim e em minha família. Decido crer sem duvidar e peço a tua ajuda. Preciso de mais fé!

Direciona-me às tuas respostas. Ilumina meus passos e minhas decisões. Liberta-me hoje! Cura completamente meu corpo e minhas emoções. Mostra-me o teu poder. Em nome de Jesus. Amém.

Poder da Palavra

Todavia, lembro-me também do que pode me dar esperança: Graças ao grande amor do SENHOR é que não somos consumidos, pois as suas misericórdias são inesgotáveis. Renovam-se cada manhã; grande é a sua fidelidade! Digo a mim mesmo: A minha porção é o SENHOR; portanto, nele porei a minha esperança.

Lamentações 3.21-24

Então, Jesus aproximou-se deles e disse: "Foi-me dada toda a autoridade nos céus e na terra...".

Mateus 28.18

Eu lhes dei autoridade para pisarem sobre cobras e escorpiões, e sobre todo o poder do inimigo; nada lhes fará dano.

Lucas 10.19

Não só isso, mas também nos gloriamos nas tribulações, porque sabemos que a tribulação produz perseverança; a perseverança, um caráter aprovado; e o caráter aprovado, esperança. E a esperança não nos decepciona, porque Deus derramou seu amor em nossos corações, por meio do Espírito Santo que ele nos concedeu.

Romanos 5.3-5

Portanto, irmãos, rogo-lhes pelas misericórdias de Deus que se ofereçam em sacrifício vivo, santo e agradável a Deus; este é o culto racional de vocês. Não se amoldem ao padrão deste mundo, mas transformem-se pela renovação da sua mente, para que sejam capazes de experimentar e comprovar a boa, agradável e perfeita vontade de Deus.

Romanos 12.1-2

Finalmente, fortaleçam-se no Senhor e no seu forte poder. Vistam toda a armadura de Deus, para poderem ficar firmes contra as ciladas do Diabo, pois a nossa luta não é contra seres humanos, mas contra os poderes e autoridades, contra os dominadores deste mundo de trevas, contra as forças espirituais do mal nas regiões celestiais. Por isso, vistam toda a armadura de Deus, para que possam resistir no dia mau e permanecer inabaláveis, depois de terem feito tudo.

Efésios 6.10-13

Irmãos, não penso que eu mesmo já o tenha alcançado, mas uma coisa faço: esquecendo-me das coisas que ficaram para trás e avançando para as que estão adiante, prossigo para o alvo, a fim de ganhar o prêmio do chamado celestial de Deus em Cristo Jesus.

Filipenses 3.13-14

9

O poder da igreja que ora por salvação

Dora Bomilcar

Orar pelos perdidos é algo de que muito se fala, mas pouco se conhece ou se entende. Fazer isso sem compreender exatamente sua dinâmica é como tentar abrir um cofre sem saber qual é a combinação: não importa quão valioso seja o conteúdo, acabaremos frustrados e desistiremos. Jesus fazia apenas o que via o Pai fazer (cf. Jo 5.19). Da mesma forma, devemos realizar apenas o que vemos o Senhor fazer. E o que Cristo faz? Ele intercede constantemente por nós: "[Jesus] é capaz de salvar definitivamente aqueles que, por meio dele, aproximam-se de Deus, pois vive sempre para interceder por eles" (Hb 7.25).

Cometemos um grave erro ao rotular alguns cristãos como *intercessores*, pois isso tende a sugerir que o restante de nós está livre da responsabilidade de interceder. Mas não estamos; todos devemos repetir o que nosso Senhor faz: orar uns pelos outros. A base do ministério de Jesus sempre foi a oração; por isso, a Igreja, como Corpo, precisa viver em intercessão, o que fortalece a comunidade.

A evangelização, em especial, exige muita oração, uma vez que aqueles que pregam o evangelho vivem em permanente batalha espiritual. Por isso, a Igreja — que é o instrumento escolhido por Deus para a difusão do evangelho por todo o mundo — precisa interceder continuamente pela proclamação das boas-novas de salvação, e a melhor forma de fazê-lo é por meio da oração. Estamos envolvidos em uma guerra constante contra os principados e as potestades do mal, que buscam destruir a Igreja e malograr sua tarefa de evangelizar o mundo, semeando falsas doutrinas e mundanismo em nosso meio. O momento demanda vigilância e discernimento, e isso só é possível mediante uma vida de oração.

A evangelização mundial só se concretizará com uma igreja cheia do Espírito Santo, pois é ele quem convence o homem do pecado. O Espírito Santo tem profundo interesse pelas nações e pendor missionário (cf. Jo 7.37-39; At 1.8; 1Co 2.4-5), mas como poderemos evangelizar se não orarmos? Mais de dois terços da humanidade ainda não foram devidamente evangelizados. Cada geração é responsável pelas vidas a serem ganhas para Cristo em sua época; portanto, esta é a hora de a igreja assumir a responsabilidade e orar fervorosamente pela evangelização de todos os povos. A promessa da segunda vinda de Cristo é um incentivo à prática de missões. O período entre a ascensão e a volta de Jesus deve ser usado para a evangelização do mundo pelo povo de Deus. A obra missionária não pode parar até que Cristo venha.

Sempre que falamos em missões mundiais, tendemos a considerar essa uma prática institucional e entregue às mãos de pessoas específicas. Na verdade, as missões mundiais começam pelo indivíduo, junto às pessoas da própria comunidade, aos parentes e amigos. Assim, devemos compreender que evangelizar e orar pela salvação das almas é dever de todos os cristãos.

Deus busca homens e mulheres que sejam constantes em oração, mas raramente os encontra. Sua exclamação de dor fica clara por intermédio do profeta Isaías: "Olhou o SENHOR e indignou-se com a falta de justiça. Ele viu que não havia ninguém, admirou-se porque ninguém intercedeu" (Is 59.15-16). A mesma indignação perante a apatia pode ser vista em seu protesto de desapontamento por meio de Ezequiel: "Procurei entre eles um homem que erguesse o muro e se pusesse na brecha diante de mim e em favor desta terra, para que eu não a destruísse, mas não encontrei nenhum" (Ez 22.30).

A Divindade nos apresenta a importância da intercessão mediante o próprio exemplo. Sabemos que o Espírito Santo intercede por nós com gemidos inexprimíveis (cf. Rm 8.26). Jesus, por sua vez, é o modelo a ser seguido quando falamos de identificação de quem ora com aqueles pelos quais intercede. Sabemos que Cristo derramou sua alma até a morte, carregou os pecados da humanidade e intercedeu pelos transgressores. Como intercessor divino, que clama em favor de um mundo mau, Cristo sorveu até a última gota o cálice de nossa condição perdida. Isaías falou profeticamente sobre Jesus: "ele levou o pecado de muitos, e pelos transgressores intercedeu" (Is 53.12).

O exemplo de Jesus logo começou a ser seguido por seus discípulos. Por muito tempo, o apóstolo Paulo foi sacrifício vivo para que os gentios pudessem conhecer o evangelho; ele era um intercessor em ação. Quando o Espírito Santo desperta no coração humano o desejo de agir em prol dos perdidos; não há limites para os extremos aos quais ele pode levar. Isaías teve de andar "despido e descalço" durante três anos, como uma advertência ao povo de Deus. Oseias teve de se casar com uma prostituta para mostrar ao povo que o esposo celestial estava disposto a aceitar de volta sua esposa adúltera. Jeremias não teve permissão para se casar, em um alerta a Judá contra os terrores e a tragédia do cativeiro. Ezequiel não pôde verter uma lágrima sequer pela morte de sua esposa. Essa lista poderia continuar em uma sucessão interminável de pessoas que foram usadas como instrumento de Deus.

Uma das principais razões para orarmos pelos perdidos é o nosso amor por eles. Esse tipo de oração já foi descrito como "o amor de joelhos", o que é uma metáfora que simboliza muito bem a realidade. Certamente, foi o amor de Deus pela humanidade que levou Jesus à cruz e é o amor de Cristo e do Espírito Santo por nós que os leva a interceder em nosso favor. Mas, além do amor, há outro elemento espiritual associado intrinsecamente à intercessão: a fé. Jesus disse: "Tudo é possível àquele que crê" (Mc 9.23), e "tudo" certamente inclui a salvação de almas. Se você crê que Deus é poderoso para salvar alguém, então perceberá que ele tem poder para salvá-lo. Lembre-se de que "a oração de um justo é poderosa e eficaz" (Tg 5.16).

Outra importante razão para orarmos pelos descrentes é o simples fato de que Deus espera que o façamos. Ele estabeleceu a oração em favor do próximo como prioridade em nossa vida:

> Antes de tudo, recomendo que se façam súplicas, orações, intercessões e ações de graças por todos os homens; pelos

> reis e por todos os que exercem autoridade, para que tenhamos uma vida tranquila e pacífica, com toda a piedade e dignidade. Isso é bom e agradável perante Deus, nosso Salvador, que deseja que todos os homens sejam salvos e cheguem ao conhecimento da verdade.
>
> 1Timóteo 2.1-4

Deus tornou a intercessão pelos perdidos nossa responsabilidade. Fazer parte do "sacerdócio santo" de Deus (cf. 1Pe 2.5) nos faz responsáveis pelos outros, porque os sacerdotes representam a terra perante o céu.

Se você esta orando há muito tempo por determinada pessoa (especialmente se for um membro da família ou alguém próximo) sem ver resultados, recomendo que verifique sua motivação, para perceber se ela é pura. Devemos principalmente orar para que a glória de Deus se manifeste na vida daquela pessoa; essa precisa ser a razão número um. E devemos orar, sim, por todos os homens, para que sejam salvos, com a finalidade primordial de que a glória de Deus seja manifesta na vida de outros.

Muitas vezes, quando nossas orações pela salvação de vidas não trazem resultados imediatos, temos a tendência de logo ficar frustrados ou impacientes; isso é natural. Mas devemos nos lembrar sempre de que apenas o Espírito Santo pode convencer a pessoa. Nosso papel é proclamar o evangelho e orar para que o perdido receba Cristo pela graça, mediante a fé. O resto não é responsabilidade nossa.

Oração pelos perdidos: um encontro com Deus

Orar é encontrar-se com Deus. Esse encontro é contato e conhecimento, pois encontrar é o primeiro passo para conhecer. Mas orar a Deus acarreta certa exigência: devemos nos posicionar como quem não sabe o que orar, pois esse *não saber* demonstra, antes de mais nada, uma atitude de abertura e de disposição para o exercício e o conhecimento da oração. Nesse sentido, a oração sempre é um processo de transformação, aprendizado e realização.

No encontro com Deus pela intercessão, ele se mostra de maneira pessoal e, não raras vezes, de modo diverso daquele que o concebemos. Isso é um grande desafio. Quando dobro os joelhos, comumente percebo que meus pensamentos vagueiam de um lado para o outro; noto que eu mesma não me conheço. É curioso isso, pois acreditamos que conhecemos Deus de longa data; contudo, a verdade é que podemos ter uma noção de quem ele é, mas, geralmente, não o conhecemos em profundidade. Deus é infinito, o Criador do mundo, um Pai misericordioso que me acolhe com seu amor, mas é também Senhor — diante do qual não me resta mais nada a fazer senão prostrar-me humildemente.

Depois do encontro, por meio da oração, é hora de falar com Deus. Muitas vezes nos perguntamos: "O Senhor sabe de tudo. O que devo dizer?", mas é necessário dialogar com ele do mesmo modo que um filho fala ao seu paizinho. Preciso dizer a Deus tudo o que aflora dentro de mim: problemas, desilusões, angústias, preocupações e esperanças. A oração precisa ser sincera. Não devo procurar palavras rebuscadas para descrever aquilo que se passa em meu coração. De fato, para determinadas ideias e sentimentos, faltam termos adequados. Todavia, quando nos apresentamos diante do Senhor e o olhamos, desabrocha espontaneamente em nosso interior tudo aquilo que é importante, inclusive as coisas que não vão bem. A oração é, então, um lugar em que ficamos desprotegidos diante de Deus, onde não há palavras ou frases pré-formuladas. Passemos para outra etapa da oração: a de petições. Jesus nos convida a fazer pedidos e promete que nos ouvirá (Jo 14.13). Deus pode intervir no exterior e também mudar as condições internas. Depois de apresentar a Deus tudo o que necessitamos, não devemos nos esforçar para procurar outras palavras; convém, simplesmente, permanecer diante dele e silenciar. É hora de escutar, de ir para a Palavra.

Você quer orar pelos não salvos? Faça da oração um encontro com Deus. Ele quer nos encontrar. Ele confirmou sua vontade de fazer isso por meio de Jesus Cristo, uma vez que veio ao nosso encontro para estar próximo de nós. E é por intermédio da oração que respondemos à sua vinda. Desse modo, seguimos na direção daquele que veio até nós. A oração pelos perdidos não é mais uma atividade que devemos realizar; é o caminho que conduz ao encontro com Deus. Após esse encontro, é possível viver uma vida mais autêntica e feliz.

Estamos diante de uma verdade cortante: existe um mundo com milhões de pessoas perecendo, e a intercessão é a única esperança. A oração é inerente a todo cristão, que deve usá-la como arma poderosa que Deus pôs à disposição de seus filhos. Por meio de nossa intercessão pelos outros e da comunhão com o Pai, recebemos a autoridade para vencer este mundo. E, ao fazermos isso, coisas fantásticas começam a acontecer.

Sal e luz para os perdidos

Um ponto importante ao tratarmos da intercessão pela salvação de vidas é a importância de estar perto daqueles por quem oramos. Para salgar o mundo, é preciso sair do saleiro. No entanto, alguns cristãos evitam ter contato mais próximo com não cristãos. É o caso, por exemplo, de quem se recusa a trabalhar em empregos seculares, por achar que são ambientes corruptos e perigosos ou, simplesmente, por não caracterizarem "atividades espirituais". O resultado desse tipo de raciocínio é o empobrecimento do testemunho que se poderia dar a quem está fora do Corpo de Cristo; afinal, como o mundo vai ouvir se, no dia a dia, os cristãos evitam contato?

Veja alguns parâmetros que podem nortear o ministério do cristão em um emprego secular:

- O cristão tem em mãos uma mensagem que é fogo e dinamite. A tarefa é se conscientizar dessa verdade do modo mais objetivo possível, a fim de alcançar os colegas com testemunho e oração.
- É fundamental estar interessado e sensível às necessidades dos colegas de trabalho, sempre iniciado pela oração.
- Mansidão e firmeza são essenciais no tratamento com os colegas. Não se deve responder com ira, mas com voz mansa e bondosa. Deus honrará esse comportamento (cf. Pv 15.1; 25.15).
- É preciso estar sempre pronto para responder a toda pessoa que indagar acerca da "razão da esperança que há em vocês" (1Pe 3.15-16).
- Importa investir tempo em pessoas que precisam de seu conselho e auxílio, estando submisso à orientação do Espírito Santo.
- Em época de crise, deve-se mostrar o modo mais eficaz para que a paz de Cristo, que excede todo o entendimento, guarde os corações (cf. Fp 4.7).

- Ser bom ouvinte e não responder até que a outra pessoa termine de falar é sempre um bom testemunho (cf. Pv 18.13; Tg 1.19).
- Sempre é preciso falar a verdade em amor, sem exageros (cf. Ef 4.15,25).
- Evitar entrar em discussões desagradáveis é fundamental. É possível discordar em harmonia (cf. Pv 17.14; 20.3; Rm 13.13).
- Nossos atos falam mais do que milhões de palavras. Ore por seus colegas de trabalho.
- Se você está trabalhando e não gosta do que faz, peça que Deus lhe dê motivações em seu emprego ou lhe dê condições de se preparar para responder sempre com amor. Use a criatividade. Torne seu emprego algo agradável e interessante.
- Ser o melhor profissional possível é um excelente testemunho. Lembre-se de que seu ministério profissional é remunerado pela empresa em que você atua.

Obstáculos à oração de intercessão

Existem alguns obstáculos que nos impedem de orar pelos perdidos. Vamos analisar alguns deles, para que estejamos alerta e saibamos superá-los.

Ensinos distorcidos

Existem dois tipos de ensinamentos que podem interferir em nossa vida de oração em prol dos perdidos: os divorciados e os humanizados. O ensino divorciado é aquele que vem embrulhado em uma ortodoxia sem prática. Já o ensino humanizado apresenta-se como prática sem ortodoxia. O primeiro tira a responsabilidade do homem e atribui tudo à soberania de Deus. O segundo tira toda a soberania de Deus e responsabiliza totalmente o homem. Os dois tipos são nocivos e carecem de base bíblica.

A Bíblia ensina quanto à soberania de Deus e também quanto à responsabilidade do cristão. Jesus foi claro quando disse que o Senhor envia trabalhadores para a seara, mas, para que ele os envie, seus discípulos devem rogar por isso. O mesmo Deus que predestinou os fins também predestinou os meios. Ele poderia muito bem enviar missionários sem os rogos da Igreja, mas incluiu as orações em seu plano. Portanto, essa responsabilidade é nossa.

Infelizmente, o ensino divorciado e o ensino humanizado têm afetado muitas pessoas, a ponto de alguns dizerem: "Não, não precisamos orar, pois Deus sabe tudo! Ele conhece o dia, a hora e o tempo; não precisamos importunar o Senhor com as nossas orações". Outros afirmam: "Nós precisamos orar para que Deus faça isso e aquilo. Precisamos exigir de Deus. Precisamos reivindicar, decretar, declarar". Os dois ensinamentos estão errados porque lhes falta o equilíbrio apresentado pelas Escrituras.

As igrejas mais históricas, as chamadas *tradicionais*, foram muito afetadas pelo ensino da ortodoxia sem prática; já as igrejas neopentecostais, mais progressistas, têm sido afetadas pelo ensino da prática sem ortodoxia. A Bíblia ensina a respeito da soberania de Deus e, também, da responsabilidade dos cristãos. Se analisarmos os Evangelhos e as epístolas, veremos que seus autores acreditavam na soberania de Deus, mas nunca deixavam de orar. Pelo contrário, oravam com intensidade, profundidade e garra e faziam isso porque criam que o Senhor sabe todas as coisas e que ele é Deus, mas, também, responde às orações.

Falta de integridade por parte de quem ora

O salmista Davi levantou a questão: "Quem poderá subir o monte do SENHOR? Quem poderá entrar no seu Santo Lugar? Aquele que tem as mãos limpas e o coração puro, que não recorre aos ídolos nem jura por deuses falsos" (Sl 24.3-4). Essa afirmação aponta para o segundo obstáculo à oração intercessora, que a é a falta de integridade de quem ora.

Quem é santo, lavado pelo sangue do Cordeiro, tem vida nova. Aquele que foi gerado do Espírito Santo, o que é limpo de mãos e puro de coração, traduz humildade e simplicidade. Deus resiste aos soberbos, mas aos humildes ele concede sua graça; por isso, a falta de santidade pode levar o Senhor a rejeitar a oração dos impuros. O íntegro é quem não entrega sua alma à falsidade, mas demonstra autenticidade e honestidade — adjetivos que Deus requer para que possamos permanecer em sua presença. Viver para ser visto por Deus como alguém que carrega essas qualidades deve ser um alvo da nossa vida.

Relacionamentos estremecidos

O cristão precisa viver bem e estar em paz com todos. Ao ensinar a oração do pai-nosso, Jesus disse que, se não perdoarmos uns aos outros, o nosso Pai não nos perdoará. É condicional. Essa questão de manter bons relacionamentos para, então, poder orar é muito séria, em todos os âmbitos de nossa vida, seja na esfera conjugal, seja na comunitária, seja em qualquer situação ou ambiente. As Escrituras estabelecem esse princípio, por exemplo, ao tratar do relacionamento entre marido e esposa: "Do mesmo modo vocês, maridos, sejam sábios no convívio com suas mulheres e tratem-nas com honra, como parte mais frágil e co-herdeiras do dom da graça da vida, de forma que não sejam interrompidas as suas orações" (1Pe 3.7)

Outro obstáculo que muitos enfrentam é o ressentimento, a falta de perdão, o que impede que o coração seja limpo diante de Deus. Você não pode orar com coração derramado se carrega mágoas contra quem quer que seja. E precisamos parar com o discurso que afirma: "Eu perdoo, mas não esqueço". Isso nunca foi perdão. O perdão de Deus propõe confissão, restituição e reconciliação; todo perdão completo tem esses três elementos. Você confessa, restitui o que é possível e reconcilia.

Perdão, na Bíblia, é limpar a ficha. Muitas pessoas não conseguem orar por causa de ressentimentos, mágoas que as matam aos poucos. Portanto, é preciso lavar o coração; perdoar e ser perdoado. É possível que surja o questionamento: "Mas como faço se o outro não quer me perdoar?". Será que já houve uma tentativa? É preciso haver iniciativa. Se esse é o seu caso, vá ao encontro de quem você ofendeu e peça-lhe perdão — pois você sabe que algo não vai bem. Você quer amar essa pessoa e se reconciliar com ela. Isso tem reflexos diretos na oração, pois orar é contemplar o Senhor, é conhecer o coração de Deus e experimentar aquilo que Davi escreveu: "O SENHOR confia os seus segredos aos que o temem, e os leva a conhecer a sua aliança" (Sl 25.14).

Incredulidade

Será que há incredulidade em nosso coração quando vamos orar? Será que de fato acreditamos que vamos receber o que pedimos? Será que cremos realmente que Deus responde às orações? As Escrituras são claras com relação ao ato de orar com descrença: "Sem fé é impossível agradar a Deus, pois quem dele se aproxima precisa crer que ele existe e que recompensa aqueles que o buscam" (Hb 11.6). E mais:

> Se algum de vocês tem falta de sabedoria, peça-a a Deus, que a todos dá livremente, de boa vontade; e lhe será concedida. Peça-a, porém, com fé, sem duvidar, pois aquele que duvida é semelhante à onda do mar, levada e agitada pelo vento. Não pense tal pessoa que receberá coisa alguma do Senhor, pois tem mente dividida e é instável em tudo o que faz.
>
> Tiago 1.5-8

Medo

O medo que impede a oração pode se manifestar de diferentes maneiras. Há casos, por exemplo, de pessoas que acreditam que as circunstâncias da vida estão ficando piores porque elas estão orando com mais intensidade, frequência e entrega a Deus. Já ouvi irmãos dizerem: "Meu Deus! Se eu continuar orando, o que pode acontecer? A coisa está piorando!". Assim, esse tipo de medo faz a pessoa parar de orar por receio do que pode acontecer se prosseguir na intercessão. Há, ainda, quem tenha medo do que Deus pode lhe pedir ou fazer caso a oração intensa continue sendo apresentada. Por mais estranho que pareça, essas pessoas sentem medo de Deus.

É importante sempre ter em mente que aquilo que o Senhor tem para nossa vida é o melhor. Se tivermos medo de orar, não poderemos alcançar o que de mais sublime Deus tem para nos oferecer.

Pós-modernismo

A época histórica em que vivemos no mundo ocidental é conhecida como *pós-modernismo*. O pensamento pós-moderno, que embasa a mentalidade de nossos dias, propõe, entre outros aspectos, valores como o ativismo e o consumismo. As pessoas vivem para consumir e querem a todo custo ser ativas. Isso representa uma guerra contra a oração, porque orar é batalha e compromisso, é uma entrega de vida. Orar significa carregar a carga de outros, sofrer em lugar do próximo.

A mente pós-moderna e o secularismo são manipuladores, e é incrível como suas ciladas se tornaram visíveis na sociedade — até mesmo Deus virou alvo de tentativas de manipulação. Não é raro vermos parte das igrejas tentando manipular Deus, barganhar com ele: trazem ofertas e exigem do Senhor algo em troca. O problema é que esse tipo de prática nos afasta de Cristo, uma vez que a oração baseada em troca é característica de povos pagãos, e não dos cristãos. Os povos animistas, que não têm conhecimento do Deus verdadeiro, é que agem assim: tentam obter o favor de suas divindades fazendo oferendas ou orações para "aplacar a ira dos deuses", tentando manipulá-los em benefício próprio. Essa oração é centrada no homem e tem como objetivo uma boa colheita, um bom casamento, filhos que nasçam perfeitos etc. Não podemos adotar esse tipo de prática secularista na igreja, pois, se o fizermos, estaremos orando por motivos errados e, logo, nossa oração não será atendida.

A mente pós-moderna também traz como obstáculo à oração a supervalorização do lazer. Nós somos a sociedade do lazer. O excesso de atividades lúdicas ocorre dentro da nossa casa, na rua, no trabalho... Às vezes, fica difícil deixar o lazer para dedicar tempo a Deus. É difícil administrar bem o tempo quando se divide a oração com brinquedos, internet, badulaques eletrônicos, *tablets* e tantas outras coisas. Isso transborda para as igrejas, pois as pessoas acabam desejando que o culto transcorra o mais depressa possível a fim de que possam voltar para casa correndo, ir à praia ou ao estádio de futebol.

O que podemos fazer agora?

Há muitas maneiras pelas quais você pode se envolver nas atividades de oração pelos perdidos. Listo aqui algumas sugestões:

- Descubra se há algum grupo de oração que costuma interceder em favor de outros e do qual você possa fazer parte. Se não encontrar, peça a um amigo cristão que ore com você em prol de um país, de um grupo étnico ou de pessoas que vocês conheçam.
- Procure uma biblioteca ou um lugar onde possa descobrir mais acerca do trabalho de evangelização por todo o mundo.
- Torne-se parte de uma equipe de evangelização e procure orar e ganhar pessoas para Cristo.
- Sua igreja local ajuda a sustentar missionários? Há nela algum grupo de oração por aqueles que procuram conhecer Jesus? Se não houver, você é a pessoa que pode começar esse grupo.
- Escreva para os missionários. Você ficará surpresa ao ver quantas coisas interessantes será capaz de descobrir.

- Um bom mapa pode ser pendurado em sua parede. Marque os lugares, bairros, cidades, países ou povos sobre os quais deseja orar.
- Há boas e interessantes biografias de grandes evangelistas. Dedique tempo para conhecê-las.
- Prepare-se para ter um encontro com Jesus por meio da oração.
- Seja natural e espontânea ao orar.

Poder da oração

Querido Deus, longe de mim pecar contra o Senhor por deixar de orar por aqueles que ainda não tiveram um encontro contigo. Quero hoje servir e desafiar minha igreja a que obedeça à ordem de Deus de ser testemunha em todo o mundo, orando pelos perdidos. Ajuda-me, Senhor, a amar os descrentes. Que eu seja convencida por ti de que a oração é o principal trabalho a ser feito pelos servos e servas de Deus.

Quero aceitar essa tarefa. Peço que a oração de Jesus desperte forças dentro de mim até que estejam soterradas todas as dúvidas e toda preguiça de orar. Desejo viver uma constante relação amorosa com Cristo por meio da oração. Quero, também, que a oração contínua com Jesus me conduza a um relacionamento íntimo com ele.

Ajuda-me! Eu sou pecadora, mas tu és justo. Eu não tenho fé, mas tu és sólido e forte. Preciso aprender a interceder e o Senhor pode ser o meu professor; por isso quero ficar contigo.

Que o meu coração arda pelos perdidos e que tu me ajudes a orar sem cessar. Que eu nunca me esqueça da importância de interceder por alguém, mesmo que ele esteja do outro lado do planeta, pois, a despeito da distância, tu tens o poder de tocá-lo. Em nome de Jesus. Amém.

Poder da Palavra

O povo que vivia nas trevas viu uma grande luz; sobre os que viviam na terra da sombra da morte raiou uma luz.

Mateus 4.16

Ele [o rico] respondeu: "Então eu te suplico, pai: manda Lázaro ir à casa de meu pai, pois tenho cinco irmãos. Deixa que ele os avise, a fim de que eles não venham também para este lugar de tormento". Abraão respondeu: "Eles têm Moisés e os Profetas; que os ouçam".

Lucas 16.27-29

Antes de tudo, recomendo que se façam súplicas, orações, intercessões e ações de graças por todos os homens; pelos reis e por todos os que exercem autoridade, para que tenhamos uma vida tranquila e pacífica, com toda a piedade e dignidade. Isso é bom e agradável perante Deus, nosso Salvador, que deseja que todos os homens sejam salvos e cheguem ao conhecimento da verdade.

1Timóteo 2.1-4

10

O poder da igreja que ora com fé no impossível

Durvalina Bezerra

O autor de Hebreus assim definiu *fé*: "A fé é a certeza daquilo que esperamos e a prova das coisas que não vemos" (Hb 11.1). Logo, fé é *certeza*. A palavra grega traduzida por *certeza* indica "natureza real", "natureza essencial" de alguma coisa. A fé é uma realidade. Ela torna concreto aquilo que esperamos e nos leva a viver o que ainda aguardamos. Fé é mais que confiança; é um dom de Deus, porque vai além do uso dos sentidos e da aquiescência intelectual. Ela nos dá convicção daquilo que foi prometido, mas que ainda não se cumpriu, com relação ao mundo físico ou ao espiritual. Refere-se a tudo o que foge à expectativa das possibilidades humanas.

Como Deus é um ser invisível e sua revelação ultrapassa a mente natural, de que maneira pode o homem reconhecer o Criador senão por algo que está acima de suas potencialidades e das configurações de sua imaginação? Conscientes dos mistérios do universo e da complexidade da vida humana, somos forçados a admitir que há uma força maior, um poder supremo, um ser transcendental. Mas o homem tem dificuldade de vislumbrar o divino e reconhecer um Deus pessoal.

Aqueles a quem o Senhor dá a graça para crer têm a tendência de apresentar algo que os qualifique como merecedores, a fim de obter as dádivas e viver uma relação pessoal e amistosa com Deus. É por isso que surgem tantos sistemas religiosos, tantas filosofias e ideologias que buscam possibilitar a relação com o ser divino e a compreensão daquele que não se limita à lógica e à razão humanas. Todo homem é chamado a crer: "Sem fé é impossível agradar a Deus, pois quem dele se aproxima precisa crer que ele existe e que recompensa aqueles que o buscam" (Hb 11.6). Todo crente é chamado a viver pela fé, verdade essa que impactou Martinho Lutero quando, em meio a conflitos religiosos, ele deparou com o texto: "O justo viverá pela fé" (Rm 1.17).

Encontramos no texto sagrado uma intensa relação da fé com a oração, porque elas caminham juntas. "A fé é o pré-requisito para que a oração seja respondida, visto que a oração é a linguagem da fé."[1] Em certa ocasião, Jesus disse aos discípulos: "Tenham fé em Deus" e expôs as possibilidades geradas nesse tipo de atitude: "Eu lhes asseguro que, se alguém disser a este monte: 'Levante-se e atire-se ao mar', e não duvidar em seu coração, mas crer que acontecerá o que diz, assim lhe será feito [...] tudo o que vocês pedirem em oração, creiam que já o receberam, e assim lhes sucederá" (Mc 11.22-24).

Muitos pregadores deturpam esse texto e ensinam que, para obter a bênção, basta declarar o que se quer receber. Dizem "Declare sua vitória!" ou "Confesse que já recebeu!".

Já ouvi falar de casos em que o pastor mandou a pessoa declarar que estava curada e jogar os medicamentos fora. O que aconteceu? A pessoa não resistiu à doença e ainda foi considerada culpada por "não ter fé". Ouvi de irmãos que se decepcionaram com Deus porque não foram atendidos em suas petições, ao contrário do que lhes haviam assegurado. Oraram, mas nada aconteceu. Devemos lembrar que, diante das promessas, existem as condicionais do Deus santo para que o exercício da fé seja genuíno e atestado como obra verdadeira, realizada pelas mãos do Deus soberano, que tem controle sobre o ser e o fazer.

A questão é que Jesus não estava ensinando que basta declarar. O que ele afirmou foi que, para uma fé verdadeira, não há impossibilidades. Porém, logo adiante no mesmo texto, ele ensina sobre o perdão, cuja ausência pode impossibilitar a resposta à oração. "E quando estiverem orando, se tiverem alguma coisa contra alguém, perdoem-no" (Mc 11.25).[2] A fé não surge do desejo de ver as coisas sendo resolvidas, nem da declaração de pensamentos positivos ou da prática da neurolinguística. Agir com fé é resultado de uma vida em sintonia com os propósitos divinos.

Assistimos em nossos dias grandes concentrações para curas e milagres, principalmente nos programas de televisão. Precisamos lembrar que o modelo de Cristo é o que tem de ser seguido. Não basta usar o dom pelo dom, não se pode desconsiderar os valores do reino de Deus nem confundir carisma com caráter. O poder que a igreja deve buscar é o de uma fé fundamentada na verdade bíblica, no testemunho de uma vida que glorifica ao Senhor e dá ao evangelho a centralidade de suas ações.

A fé é expressão de vida com Deus, uma vida de santidade e de compromisso com as Escrituras sagradas. A obediência qualifica a oração da fé. Jesus declarou que, no dia final, muitos exporão suas obras, feitas no nome dele, e ele dirá: "Nunca os conheci" (Mt 7.22-23). Só na eternidade a obra de cada um será plenamente revelada. Não negamos que o Senhor pode usar pessoas com o dom da fé, o dom de milagres ou o dom de cura. Sim, está escrito que Deus concede dons à Igreja. O que não podemos aceitar é uma fé descomprometida com os princípios da Palavra e destituída dos valores morais, éticos e espirituais que qualificam o discípulo de Jesus. O divino Mestre fez muitos milagres, curou muitos enfermos e expulsou demônios, mas ele pode afirmar: "Aquele que me enviou está comigo; ele não me deixou sozinho, pois sempre faço o que lhe agrada" (Jo 8.29). Esse é o segredo: *fazer sempre o que agrada ao Pai.* Alinhar a fé à obediência, associar o dom à consciência da vontade divina e equilibrar a prontidão de servir com o compromisso de agradar ao Pai em tudo, essas são as marcas das obras da fé cristã.

Quando o Senhor Jesus tomou forma humana, ele cumpriu seu ministério no poder do Espírito Santo. Na ocasião de seu batismo nas águas, vemos o Espírito Santo descer sobre ele em forma corpórea. Logo que Cristo chega à sinagoga, abre o texto sagrado de Isaías e lê: "O Espírito do Senhor está sobre mim, porque ele me ungiu" (Lc 4.18), declarando, em seguida, que aquela profecia se cumprira nele. Jesus foi ungido para cumprir sua missão na terra com demonstração de poder, para fazer sinais miraculosos, aquilo que é impossível aos homens e que extrapola o mundo natural. No final de seu ministério, Cristo instituiu sua Igreja e deu-lhe a responsabilidade de continuar sua obra na terra, sob o revestimento do poder do Espírito Santo. "Mas receberão poder quando o Espírito Santo descer sobre vocês" (At 1.8). Entendemos que o poder da fé para as causas impossíveis vem do Espírito de Deus. É por meio dele que a igreja, pela oração, se reveste desse poder, liberado pelo exercício da fé. "O revestimento com o poder de Cristo através do Espírito é, de fato, um acontecimento neotestamentário momentoso, uma das glórias do evangelho [...] uma vida sobrenatural, mediante o poder sobrenatural, está no cerne do cristianismo".[3]

Diante dessa verdade, afirmo que a maior necessidade da Igreja é buscar esse poder, assim como os discípulos a quem Jesus disse que ficassem em Jerusalém e esperassem pela promessa do Pai (cf. At 1.4-5). Eles obedeceram. "Todos eles se reuniam sempre em oração" (v. 14). Buscar o revestimento do Espírito Santo em oração é o primeiro passo, a atitude primordial para receber o poder. Não me refiro à busca do Espírito; ele já foi dado à Igreja no dia de Pentecoste e todo salvo o recebe na regeneração. Falo da busca do revestimento do poder do Espírito, do enchimento: "[...] deixem-se encher pelo Espírito" (Ef 5.18). O chamado de Deus à sua igreja é que ela se dedique à oração antes de qualquer outra obra, antes do planejamento das atividades eclesiais, antes de definir o modelo e a estratégia de crescimento da congregação, antes mesmo da pregação. Sim, é urgente conduzir toda a vida da igreja na disciplina espiritual da oração.

A oração não é uma elaboração limitada à mente humana; também não é mera verbalização das necessidades humanas nem

> repetição de palavras, por isso não é reza. É conversa com o Ser supremo, comunicação entre o céu e a terra. Um encontro do finito com o Infinito, um pacto de confiança entre o necessitado e o Suficiente. É estar na presença do Altíssimo com a certeza de ser ouvido, é falar além dos códigos da linguagem humana. É sentir o coração daquele que deseja abençoar; é perceber a sua grandeza de poder fazer todas as coisas.[4]

Há diversos tipos de orações: petição, intercessão, confissão, gratidão, quebrantamento, adoração. A oração pode ser solitária e comunitária, mas, primeiramente, o Senhor chama a igreja à oração em solitude, para desenvolver a intimidade com ele. "Mas quando você orar, vá para seu quarto, feche a porta e ore a seu Pai, que está em secreto". (Mt 6.6). Em secreto Deus nos revela quem ele é, e nossa alma se transborda em adoração e quebrantamento. Esse é o instante da descoberta da alma, do mais profundo do nosso ser à luz da sua presença; é o instante em que ocorre a afinação da audição espiritual, para saber ouvir a voz do Pai e aprofundar nossa relação com ele. A oração em secreto leva à percepção aguçada do caráter divino e dos critérios para realização de suas obras, além da busca pelo poder espiritual, para sabermos vencer as tentações, crucificar o ego e encarnar as virtudes de Cristo. Nesse momento de devoção, falamos com Deus em oração e ele nos fala por sua Palavra, na qual firmamos nossa fé e encontramos plataforma para a ação de nossas orações, com base nas promessas divinas. "A oração sem promessa é apenas som, é impessoal."[5] A oração torna a promessa realidade.

Ao falar com Deus em oração, também buscamos o entendimento de sua Palavra, para perceber o que ele fez no curso da história e o que deseja fazer por nosso intermédio, pois é nessa dinâmica que o Senhor nos posiciona de forma alinhada a seus propósitos eternos. A hora de orar a sós com Deus não deve ser devotada exclusivamente para suplicar por necessidades materiais, por resolução de problemas pessoais, por questões ligadas a outras pessoas, por sua igreja, ou, tampouco, pela obra missionária. Esses tipos de orações podem e devem ser feitos, não exclusivamente no quarto, mas também na comunidade cristã — mas somente depois dos momentos de comunhão, quebrantamento e busca de poder.

Somos acostumados a orar apresentando pedidos ou agradecimentos, e as orações se tornam até repetições, como nos advertiu Cristo: "E quando orarem, não fiquem sempre repetindo a mesma coisa" (Mt 6.7). Precisamos entrar na escola da oração para saber pedir e receber respostas às nossas petições, pois Tiago nos adverte que pedimos e não recebemos porque pedimos por motivos errados (Tg 4.3). Uma das razões de não sabermos pedir é a falta desse tempo de oração particular, a portas fechadas, pois é nessas ocasiões em que o Pai nos ensina a orar e, por seu Espírito, nos conduz a solicitar aquilo que está em sua mente: o que ele quer fazer, o que é o melhor para cada um de nós. É então que ele nos revela sua vontade sobre cada situação. Assim, não somos pegos lutando contra Deus, mas alcançando aquilo que ele, em sua graça, já destinou para cada um de nós. Porque orar não é uma tarefa do homem sozinho, pois tem a interferência direta do Espírito Santo: "[...] pois não sabemos como orar, mas o próprio Espírito intercede por nós com gemidos inexprimíveis [...] porque o Espírito intercede pelos santos de acordo com a vontade de Deus" (Rm 8.26-27).

A busca do poder pela oração é fundamental e ocorre quando a igreja — líderes e liderados — passam pelo quebrantamento, sendo trabalhados no caráter divino. Quando isso acontece, é possível liberar esse poder com fé no impossível, porque a maior impossibilidade do homem já foi vencida: a de interagir com o ser divino em comunhão profunda e real. Sem dedicar tempo à oração, não lograremos êxito em coisa nenhuma. A começar pela liderança, a igreja deve dar proeminência à oração. Charles Spurgeon disse:

> Naturalmente o pregador deve salientar-se sobre todos como um homem de oração. Se ele não ora como um crente comum, seria um hipócrita; se ele não ora mais que um crente comum, seria desqualificado no ofício que ocupa. Se os ministros não são dedicados à oração, são dignos de lástima. Se vos tornais negligentes na devoção sagrada, não só vós, mas o vosso povo também é digno de compaixão.[6]

O Senhor Jesus nos dá seu exemplo. Ele realizou feitos impossíveis aos homens porque conhecia os lugares solitários da oração. Cristo passava noites orando. Ele despedia as multidões e subia ao monte a fim de orar (cf. Lc 5.15-16; Mt 14.23).

> A oração, a verdadeira oração, custa um preço de sérias atenções e de tempo que a carne e o sangue não estimam. As devoções apressadas tornam a fé débil, convicções débeis, piedade suspeita. Estar pouco tempo *com* Deus é ser

> pequeno *para* Deus. É necessário muito tempo para o pleno derramamento de Deus no espírito. As devoções curtas cortam o condutor do pleno derramamento de Deus.[7]

Há casos em que o exercício da fé traz a resposta de imediato. Um milagre, uma cura, um suprimento — e glorificamos a Deus por isso. Mas há questões em que precisamos usar de paciência e persistência para ser atendidos. Principalmente quando lutamos em oração pela libertação de um filho dominado pelas drogas, um esposo alcoólatra, uma esposa que pede o divórcio. Quando as questões se referem à transformação da pessoa humana, o combate da fé é mais renhido.

O Redentor deseja que todos sejam salvos, mas espera que o homem se arrependa para que seja redimido: "[...] ele é paciente com vocês, não querendo que ninguém pereça, mas que todos cheguem ao arrependimento" (2Pe 3.9). Há pessoas que oram décadas pela salvação de um familiar e a conversão não acontece. Não é que Deus não esteja ouvindo, mas ele está dando a oportunidade para que o não salvo reconheça sua graça. Quando o apóstolo Paulo recomenda a Timóteo que faça todos os tipos de oração pelos homens, conclui afirmando que "Deus, nosso Salvador, deseja que todos os homens sejam salvos e cheguem ao conhecimento da verdade" (1Tm 2.3-4).

Não quero entrar em questões teológicas sobre eleição divina e livre-arbítrio do homem, mas afirmo que é necessário lutar em oração pela transformação das pessoas pelo poder do evangelho. A salvação é o maior milagre que pode acontecer, o maior bem que devemos desejar a alguém, como o próprio Deus deseja. É por isso que precisamos ser estimulados a clamar. "Com certeza estamos empenhados em uma batalha pela personalidade humana e que pode ser exaustiva. Só Jesus é capaz de transformar e trazer cura aos profundos ferimentos do coração".[8]

O poder da igreja que ora exercendo a fé no impossível também se manifesta na luta por povos e nações. Para que o curso da história se movimente, com a intervenção do reino de Deus no reino dos homens, é necessário manter intercessão consistente. Assim foi o clamor da Igreja primitiva até que Roma se dobrou ao reino de Cristo, concedeu liberdade de culto aos cristãos e integrou o cristianismo ao império. Foram centenas de anos de sofrimento e perseguição, mas o poder da fé nunca foi enfraquecido e a glória de Deus prevaleceu!

Quando intercedemos por uma nação para que a luz do evangelho alcance o coração do povo, entendemos que há uma linha de revelação divina e que é necessário que a medida da ira justa de Deus se complete, para que seu juízo seja promulgado. Presenciamos a ação poderosa da mão soberana do nosso Deus, por exemplo, no Leste Europeu. Vimos o regime ateísta e comunista da Romênia se romper. Foram 45 anos de opressão, mas o reino de Deus prevaleceu, e seu poder foi notório, por meio de seus servos, que corajosamente batalharam por aquela nação. Também presenciamos o muro de Berlim cair, a União Soviética se dissolver e a Igreja de Cristo crescer, vitoriosa. Em muitas outras partes do mundo, o Senhor tem agido com poder. O confronto do reino das trevas com o reino da luz é uma realidade, assim como a nossa fé é uma realidade, na qual nos firmamos, aguardando a vinda concreta e final do reino de Cristo, como profetizado e pregado por Jesus. Ele nos ensinou a orar pedindo: "Venha o teu Reino" (Mt 6.10).

Partindo do pressuposto de que toda a nossa vida deve ser uma expressão de fé, não podemos prescindir dela para nenhuma causa. A fé é extremamente necessária para todas as áreas da vida e deve se manifestar em qualquer momento. Porém, há causas que requerem um exercício maior desse tipo de convicção. Nesses casos, há atitudes que um cristão deve tomar para exercer a fé no impossível — e por *impossível* entenda-se não só feitos miraculosos, mas tudo aquilo que constitui nosso dia a dia, quando nos confrontamos com a complexidade da vida e das relações humanas e percebemos que as situações fogem ao nosso controle. Essas atitudes são: crer contra a esperança, não duvidar das promessas, fortalecer-se na fé diante do impossível, obedecer à voz divina, ser paciente, e honrar a Deus e dar-lhe glória. Vamos discorrer um pouco sobre cada uma.

Crer contra a esperança

A primeira atitude do cristão para exercer a fé no impossível é ter uma fé viva e real, a despeito de circunstâncias. Não um assentimento intelectual, ou uma fé religiosa. A fé verdadeira é mais que uma declaração doutrinária, uma confissão de fé ritualística. As Escrituras dizem que "Abraão, contra toda esperança, em esperança creu, tornando-se assim pai de muitas nações, como foi dito a seu respeito" (Rm 4.18). Não havia nenhuma perspectiva positiva, nenhuma condição humana para gerar uma criança; então não havia esperança dentro das possibilidades naturais. Era uma causa impossível. Ele não podia pôr os olhos em si mesmo, em sua mulher ou em qualquer coisa que favorecesse o cumprimento da promessa; por isso, fixou os olhos naquele que prometeu. Desse modo, depositou esperança na promessa de seu Deus, confiando que, se o Senhor falou, seria poderoso para cumprir.

A fé gera esperança e encontra esperança em Deus. Somos encorajados a crer porque é impossível que Deus minta. A imutabilidade da promessa do Senhor e de seu juramento nos faz crer (cf. 1Co 1.20-21; Hb 6.16-20). Tanto a esperança quanto outras virtudes provêm da fé.

O apóstolo Pedro chama a nossa atenção para as promessas de Deus, adjetivando-as de *grandiosas e preciosas*, pois, por elas, nos tornamos participantes da natureza divina na experiência do novo nascimento. Em seguida, ele relaciona algumas virtudes essenciais para o cristão apresentar nessa nova vida (cf. 2Pe 1.4-9). Porém, Pedro diz que é necessário empenho para alcançar esse somatório de virtudes, que tem como alvo qualificar o cristão e impedir que ele se torne improdutivo e inoperante: "[...] empenhem-se para acrescentar à sua fé a virtude; à virtude o conhecimento..." (v. 5) porque "a fé é a roda mestra; ela põe em funcionamento todas as demais graças".[9]

Não duvidar das promessas

Fé é certeza, e não apenas esperança no sentido de algo que pode ou não acontecer. Ela traz esperança, mas é muito mais do que isso. Ter algo por certo é negar qualquer possibilidade de dúvida. Então, se cremos, não duvidamos. Mesmo que não haja nenhuma possibilidade para acontecer o milagre, a fé elimina a dúvida e se firma na promessa. Seja qual for a situação que nos sobrevenha e pareça ser humanamente impossível, o cerne da questão é o comprometimento que nosso Deus tem com sua Palavra.

Abraão, por exemplo, não considerou a falta de vitalidade de seu corpo e do de Sara. "Mesmo assim não duvidou nem foi incrédulo em relação à promessa de Deus" (Rm 4.20).

A dúvida impede a obtenção das graças de Deus, porque a pessoa tem a *mente instável*, isto é, em uma hora crê e, logo que as circunstâncias mudam, arrefece a fé. Um exemplo disso ocorre com Pedro ao andar sobre as águas e, depois, começar a afundar. Essa dúvida surge porque a mente fica *dividida*. A pessoa crê em Deus, mas também nas decisões do governo ou de seus líderes, no favor dos homens. Tiago declara que esse tipo de pessoa não receberá coisa nenhuma do Senhor, e nos instrui na forma de pedir: "Peça-a [a sabedoria], porém, com fé, sem duvidar, pois aquele que duvida é semelhante à onda do mar, levada e agitada pelo vento" (Tg 1.6) O escritor e pastor E. M. Bounds declarou que o céu está por demais ocupado para atender a orações provenientes de pessoas de coração dividido.

Fortalecer-se na fé diante do impossível

Quando o Senhor nos põe diante de uma causa impossível, isso ocorre porque ele quer testar nossa fé e demonstrar de forma inédita e gloriosa seu poder. O impossível aos olhos humanos nos põe limites e revela nossa impotência, mas é nesse contexto que o sobrenatural acontece. Porém, quando as causas se tornam difíceis, a situação não muda, o tempo passa sem que nada aconteça e não encontramos solução... Aí é que somos tentados a enfraquecer na fé. Surge a pressão do tempo e das exigências da situação, que se opõe a nós. Lembremo-nos de Pedro, ao declarar que iria com Jesus até a morte, mas, na hora de fazê-lo, enfraqueceu na fé. No tempo de perseguição à Igreja primitiva, a história nos conta que muitos negaram a fé, temendo o sofrimento, a perda dos bens e a própria morte.

O verdadeiro cristão precisa firmar-se na promessa para não enfraquecer, além de fortalecer a convicção da fé no poder de Deus, com os olhos fitos nele. Abraão não fraquejou, "mas foi fortalecido em sua fé [...] estando *plenamente convencido* de que [Deus] era poderoso para cumprir o que havia prometido" (Rm 4.20-21). Intensificar nossas orações nos dias maus é imprescindível, pois é por intermédio delas que o Senhor nos fortalece. "Fortaleçam-se no Senhor e no seu forte poder" (Ef 6.10). Conscientes de que não temos como vencer sozinhos e de que não existe força em nós mesmos, devemos buscar o Senhor para sermos renovados em seu poder. A Bíblia estabelece, ainda, que "a oração de um justo é poderosa e eficaz" (Tg 5.16).

A oração deve andar de mãos dadas com a leitura e a meditação na Palavra, pois esta é que nos dá segurança e não deixa vacilar nosso pé. É ela que nos convence do poder operante do nosso Deus, porque "a fé vem por se ouvir a mensagem, e a mensagem é ouvida mediante a palavra de Cristo" (Rm 10.17). Diante do desafio de liderar seu povo, o Senhor dá a Josué o segredo da vitória: "Não deixe de falar as palavras deste Livro da Lei e de meditar nelas de dia e de noite, para que você cumpra fielmente tudo o que está escrito. Só então os seus caminhos prosperarão e você será bem-sucedido" (Js 1.8). A fé renovada na oração e na Palavra fortalece aquele que é desafiado a crer no impossível.

Obedecer à voz divina

A obediência é uma prova da fé. Abraão recebeu uma ordem divina: "Saia da sua terra, do meio dos seus parentes e da casa de seu pai, e vá para a terra que eu lhe mostrarei" (Gn 12.1). Para que Deus cumprisse sua promessa, o patriarca precisava partir, e assim ele o fez. Há muitas implicações para que o propósito divino se cumpra à risca. O plano do Senhor envolve outras pessoas, circunstâncias adversas, tempo, ações e reações humanas; é um processo que se desenvolve ao longo da caminhada. Nunca podemos entender totalmente o que Deus estará fazendo, até porque o futuro pertence somente a ele: o que acontecerá amanhã está vedado aos filhos dos homens. O que sabemos com certeza é que o Todo-poderoso nos conduz quando decidimos obedecer-lhe.

Para obedecer é necessário, antes de tudo, aceitar o plano divino. No caso de Abraão, ele aceitou e creu na promessa e, então, deu os passos em direção ao que Deus propôs. Hoje, temos em nós a pessoa do Espírito Santo, que gera a convicção do chamado, uma convicção essencial para a obediência. Deus não poderia cumprir seus planos se Abraão não caminhasse para a terra "que mais tarde receberia como herança, embora não soubesse para onde estava indo" (Hb 11.8). Pela fé, o profeta obedeceu.

Abraão viveu, ainda, outro teste de fé. O Senhor lhe tinha dado seu filho Isaque de forma milagrosa, para, por meio deste, formar a nação eleita. Como, então, poderia esse mesmo Deus pedir o sacrifício de Isaque? Não somos capazes de entender a lógica divina, mas Abraão sabia em quem cria, era plenamente convicto; e só uma fé convicta do poder de Deus e consciente dos planos divinos poderia atender a essa solicitação.

A fé é um milagre, ou seja, não precisa de lógica, mas de uma atitude de obediência, para que Deus possa revelar seu poder e cumprir seus planos utilizando homens e mulheres que se dispõem a confiar nele. Se Deus foi capaz de dar vida aos órgãos amortecidos de Abraão e Sara e formar Isaque de forma sobrenatural, ele não o traria da morte, ressuscitando-o? O escritor aos hebreus escreve essa conclusão lógica: "Abraão levou em conta que Deus pode ressuscitar os mortos e, figuradamente, recebeu Isaque de volta dentre os mortos" (Hb 11.19). "Pela fé Abraão [...] ofereceu Isaque" (v. 17): que lição grandiosa para nós! Nada, absolutamente nada pode ser negado a um Deus Todo-poderoso, a um Deus fiel em cumprir sua palavra! Porque "Deus não é homem para que minta, nem filho de homem para que se arrependa. Acaso ele fala, e deixa de agir? Acaso promete, e deixa de cumprir?" (Nm 23.19). Se de fato cremos nele, obedeceremos, mesmo que o Senhor nos surpreenda. "O método preferido de Deus é a surpresa. É maravilhoso quando aprendemos a transformar as surpresas de Deus em oportunidades de entregar tudo aquilo que retivemos. Quando Deus nos surpreende, ele nos dá graça suficiente para lidarmos com o inesperado."[10]

Ser paciente

A paciência faz parte da natureza da fé, e Abraão precisou desenvolvê-la. A promessa veio a ele e a Sara quando já eram idosos e, mesmo assim, ainda tiveram de esperar longos anos. A Palavra nos ensina que "a prova da sua fé produz perseverança" (Tg 1.3). "Depois de esperar *pacientemente*, Abraão alcançou a promessa" (Hb 6.15).

Jesus ensinou aos seus discípulos a necessidade de orar sempre, sem nunca desanimar. Ele lhes contou a parábola de uma viúva que importunou um juiz com seu pedido até que ele a atendeu (cf. Lc 18.1-8). Também contou sobre o homem que foi pedir a seu vizinho que lhe desse três pães, pois não tinha nada a oferecer a seu amigo. Essa ilustração transmitia a seguinte lição: "Embora ele não se levante para dar-lhe o pão por ser seu amigo, por causa da importunação se levantará e lhe dará tudo o que precisar (11.8).

Se os homens, sendo maus, agem assim, quanto mais o Pai que está nos céus! A função da fé em conexão com a oração está associada à persistência. Um espírito persistente traz o homem para o lugar onde a fé se apodera e se apropria da bênção. Devemos aguardar o cumprimento da promessa, mesmo que ela tarde, entendendo que há um processo para que as coisas tomem forma conforme foi estabelecido por Deus, dentro do tempo cronometrado por ele.

Nosso Deus não mede o tempo como nós. Aliás, ele não é regido pelo tempo. Como diz o pastor Kléos César, o relógio de Deus não se adianta nem se atrasa. Ser protagonista no palco da história do Senhor é continuar crendo na promessa, a despeito do tempo entre sua pronunciação e seu cumprimento. Todas as coisas se ajustam ao cronograma de Deus. "Só é possível cumprir a missão de forma relevante quando nos encontramos no tempo de Deus para realizar o seu programa, marcando a história de um povo."[11]

Honrar a Deus e dar-lhe glória

A fé honra a Deus. Ele é glorificado no exercício de nossa fé quando nos usa para que seu poder se manifeste, seus feitos se realizem e seus propósitos se cumpram. Há uma linha muito tênue entre glorificar a Deus por seus feitos e se gloriar em Cristo. O apóstolo Paulo foi usado poderosamente com sinais e maravilhas, mas, em todo o seu ministério, o Senhor foi glorificado. Na viagem de Paulo a Listra, o Senhor o usou para curar um homem paralítico desde o nascimento. Ao ver o milagre, a multidão começou a gritar, atribuindo a Paulo e a Barnabé o mérito daquele feito, identificando-os como deuses, oferecendo-lhes sacrifício. Mas os servos de Cristo rejeitaram aquela atitude com veemência e apontaram para o Deus vivo e verdadeiro (cf. At 14.8-18).

Hoje, podemos não ver essa cena se repetir literalmente, mas ela se reproduz todos os dias, de outras formas e em outras proporções: quando o homem atribui a seus líderes o que é realizado pelo exercício do dom de Deus, concedido pela graça divina; quando o líder é bem-sucedido no ministério; quando a mensagem do pregador alcança o coração do povo; quando a igreja cresce e o pastor constrói grandes monumentos. A Palavra nos ensina, no entanto, que a glória e a honra só a Deus são devidas.

Voltemos a Paulo. Ele relata feitos grandiosos realizados no final de seu ministério na Ásia, quando seguia para Roma, mas afirma: "Portanto, eu me glorio em Cristo Jesus, em meu serviço a Deus. Não me atrevo a falar nada, exceto daquilo que Cristo realizou por meu intermédio, em palavras e em ação" (Rm 15.17-18). Gloria-se em Deus aquele que é convicto de que tudo o que realiza em seu ministério é tão somente ação da graça divina. E, se é a graça em operação, não há motivo nem razão para glória pessoal — na graça não há glória! Não há divisão entre aquilo que fazemos e aquilo que Deus faz, porque somos apenas instrumentos de sua graça.

Refutando os falsos apóstolos, Paulo declara: "[...] trabalhei mais do que todos eles; contudo, não eu, mas a graça de Deus comigo" (1Co 15.10). Há um paradoxo entre "trabalhei" e "não fui eu quem trabalhou, foi a graça operando por meu intermédio". Essa consciência glorifica a Deus e é medida preventiva para a soberba e a vaidade. A história nos conta de grandes líderes que foram usados por Deus com dons especiais e que, de repente, caíram da graça, pois, infelizmente, não atentaram para esse paradoxo. Há outros que têm tanta tendência à vaidade que Deus limita sua área de atuação. Ele não pode usar o soberbo, porque a graça é só para os humildes (cf. Tg 4.6) Aqueles que se dispõem a exercer a fé e a ver o poder de Deus se manifestar em causas impossíveis precisam submeter-se à experiência paulina. O apóstolo aprendeu a viver com um espinho na carne, levado por um mensageiro de Satanás, para impedi-lo de se ensoberbecer (cf. 2Co 12.7-10).

Glorificar a Deus não é somente atribuir a ele o mérito daquilo que foi realizado, mas, também, revelar o esplendor, a beleza e a perfeição de suas obras e permitir que ele seja exaltado e honrado, mesmo que para isso sejamos humilhados. Abraão deu glória a Deus (cf. Rm 4.20) porque reconheceu que o poder em exercício era do Todo-poderoso, o único que merecia ser glorificado. "Pois dele, por ele e para ele são todas as coisas. A ele seja a glória para sempre! Amém" (Rm 11.36).

Há diferentes níveis de fé, e a fé é desenvolvida pelo uso. Quanto mais andamos com Deus em intimidade, aprofundando nossa relação com ele, dependendo exclusivamente dele, buscando experimentar as realizações de suas obras poderosas, permitindo sua intervenção em todas as áreas da vida e do ministério, estaremos exercendo e crescendo na fé. Uma fé, vale dizer, que não se limita a coisas pequenas ou grandes e que não considera nenhuma causa impossível. A igreja que ora experimentando o poder da fé, na dinâmica do Espírito, fará o impossível acontecer para expressão e expansão do reino de Deus e para a glória de seu nome.

Poder da oração

Grande Deus, ajuda-nos a buscar-te em oração particular. Dá-nos disciplina para manter nosso encontro diário. Queremos orar mais, para receber mais do teu poder. Os desafios da vida estão diante de nós e confessamos nossa insuficiência para enfrentá-los. Dá-nos maior fé. Queremos experimentar teu poder e perceber com nitidez o agir de tua mão poderosa.

Senhor meu, diante de nossos olhos há muitas impossibilidades, somos cercados por muitos ventos contrários, a limitação humana nos humilha e nos faz entender a impossibilidade de encontrar as soluções devidas. Porém, erguemos nossos olhos para o alto, acima de tudo e de todos. Nossa fé confessa que tu reinas e que em tua grandeza agirás em nosso favor. Ajuda-nos a não tirar nossos olhos de ti e a aguardar tua intervenção graciosa.

Deus, dá-nos discernimento para avaliar o que pertence ao teu reino e o que é do reino dos homens. Concede-nos luz para distinguir o que é relativo no contexto sociocultural, para não sermos intransigentes como cidadãos deste mundo. Dá-nos sabedoria para conviver com o que é diferente, para não engessarmos tuas verdades ou impedir a livre ação de teu Espírito Santo. Dá-nos a graça de saber transitar no reino dos homens e nos envolver em teu reino, para que teu poder seja manifesto e os homens glorifiquem teu nome.

Pai, ajuda-nos a crer sem duvidar, a concentrar nossa atenção apenas em ti, a fixar nossos olhos em tuas possibilidades e em tua fidelidade. Guarda-nos de tomar iniciativa própria, de buscar arranjos e amuletos, de fazer conchavos para alcançar o que desejamos. Faze-nos crer, mesmo que não haja nenhuma perspectiva humana, e ajuda-nos a permanecer crendo, mesmo quando o tempo e as circunstâncias não forem favoráveis.

Deus de nosso pai Abraão, Deus de nosso Senhor Jesus Cristo, Deus das promessas, nós nos curvamos diante de ti, extasiados por tua graça em nos escolher para fazer história contigo e para revelar em nossas experiências de fé teus atos miraculosos e maravilhosos. Como Abraão, cremos no Cordeiro pascal, oferecido no Calvário. Cremos em tua mão a nos guiar, proteger, suprir e fazer andar dentro de teus planos para nossa vida. Achegamo-nos a ti humildemente, porque queremos mais graça. Ensina-nos a viver na graça, dependendo dela para ser, fazer e até morrer, para que sejas glorificado em nós, na expressão dessa tua imensa graça. Amém.

Poder da Palavra

Estejam vigilantes, mantenham-se firmes na fé, sejam homens de coragem, sejam fortes.

1Coríntios 16.13

Porque vivemos por fé, e não pelo que vemos.

2Coríntios 5.7

Além disso, usem o escudo da fé, com o qual vocês poderão apagar todas as setas inflamadas do Maligno.

Efésios 6.16

Mas o meu justo viverá pela fé. E, se retroceder, não me agradarei dele.

Hebreus 10.38

Sem fé é impossível agradar a Deus, pois quem dele se aproxima precisa crer que ele existe e que recompensa aqueles que o buscam.

Hebreus 11.6

Mas alguém dirá: "Você tem fé; eu tenho obras". Mostre-me a sua fé sem obras, e eu lhe mostrarei a minha fé pelas obras.

Tiago 2.18

O que é nascido de Deus vence o mundo; e esta é a vitória que vence o mundo: a nossa fé.

1João 5.4

Notas

Apresentação

[1] Houaiss, Antonio; Villar, Mauro de Salles. *Dicionário Houaiss da língua portuguesa*. Rio de Janeiro: Objetiva, 2001.

Capítulo 1

[1] Idem.

Capítulo 2

[1] Armstrong, John. *O verdadeiro avivamento: o que acontece quando sopra o vento do Espírito*. São Paulo: Vida, 2003, p. 75.
[2] Idem, p. 43.
[3] Idem, p. 181-192.
[4] Boyer, Orlando. *Heróis da fé: vinte homens extraordinários que incendiaram o mundo*. Rio de Janeiro: CPAD, 1997.

Capítulo 3

[1] *A Body of Divinity*. Carlisle (PA): Banner of Truth, 1958.
[2] *The Way: 365 Daily Meditation*. Nashville (TN): Abingdon Press, 1984.

Capítulo 4

[1] ZÁGARI, Maurício. *Perdão total: um livro para quem não se perdoa e para quem não consegue perdoar.* São Paulo: Mundo Cristão, 2014. p. 158.

Capítulo 10

[1] BRANDT, L. Robert. *O Espírito nos ajuda a orar: uma teologia bíblica da oração.* Rio de Janeiro: CPAD, 1996. p. 255.

[2] ZÁGARI, Maurício. *Perdão total: um livro para quem não se perdoa e para quem não consegue perdoar.* São Paulo: Mundo Cristão, 2014. p. 144.

[3] PACKER, J. I. *Na dinâmica do Espírito: uma avaliação das práticas e doutrinas.* São Paulo: Vida Nova, 1991. p. 20-21.

[4] BEZERRA, Durvalina. *A missão de interceder: oração na obra missionária.* Londrina: Descoberta, 2001. p. 67.

[5] BOUNDS, E. M. *The Possibilities of Prayer.* Grand Rapids (MI): Baker, 1923. p. 16.

[6] BOUNDS, E. M. *Poder através da oração.* São Paulo: Batista Regular, 2001. p. 20.

[7] Idem, p. 69.

[8] TIPPIT, Sammy. *Preparado para a batalha: o caráter, as armas e as estratégias do guerreiro espiritual.* Rio de Janeiro: Juerp, 1995. p. 28.

[9] PACKER, J. I. *Entre os gigantes de Deus: uma visão puritana da vida cristã.* São José dos Campos: Fiel, 1996. p. 197.

[10] SWINDOLL, Charles. *O mistério da vontade de Deus.* São Paulo: Mundo Cristão, 2001. p. 199.

[11] BEZERRA, Durvalina. *Ministério cristão e espiritualidade: o desafio de viver a verdadeira espiritualidade no exercício da vocação pastoral ou missionária.* 2. ed. Belo Horizonte: Betânia e Betel Publicações, 2007. p. 148.

Sobre as autoras

Antonieta Rosa

Pastora e escritora, membro da Academia Evangélica de Letras do Brasil. Graduada em Jornalismo e Ciências Contábeis. Mestre em Teologia. Professora de Teologia. Conferencista nacional e internacional. Líder da Igreja Assembleia de Deus Vitória em Cristo, no Rio de Janeiro. Viúva, mãe de dois filhos e avó de seis netos. É autora de estudos da *Bíblia de Estudo: Desafios de Toda Mulher*, publicada pela Mundo Cristão.

Bianca Toledo

Missionária, conferencista, cantora e escritora. Membro da Igreja Batista Central da Barra, no Rio de Janeiro, é casada com o pastor Felipe Heiderich e mãe de José Vittorio. É autora, pela Mundo Cristão, da obra *Bianca Toledo: prova viva de um milagre* e de estudos da *Bíblia Mulheres Diante do Trono*.

Denise Seixas Pereira

Pastora, cantora e líder do ministério de louvor da igreja Bola de Neve. Casada e mãe de quatro filhos. É autora, pela Mundo Cristão, de estudos da *Bíblia de Estudo: Desafios de Toda Mulher*.

Devi Titus

Conferencista internacional e escritora premiada pela Washington Press Women's Association. Fundou, com seu marido, Larry, a organização internacional Kingdom Global Ministries (Ministérios Reino Global), que visa a facilitar a missão de outros ministérios ao redor do mundo. Tem um casal de filhos, seis netos e nove bisnetos. É autora, pela Mundo Cristão, das obras *A experiência da mesa* e *Reflexos da alma* e de estudos da *Bíblia Mulheres Diante do Trono*.

Dora Bomilcar

Teóloga, professora e radialista. Coordenadora de oração na Associação das Missões Transculturais Brasileiras. Graduada em Educação Religiosa e Pedagogia. Membro da Igreja Batista da Granja Viana, em Cotia (SP). Casada e mãe de três filhos. É autora, pela Mundo Cristão, de estudos da *Bíblia de Estudo: Desafios de Toda Mulher*.

Durvalina Bezerra

Teóloga, mestre em Educação, especialista em Missiologia. Diretora do Seminário Betel Brasileiro, em São Paulo. Compõe a diretoria da Rede de Mobilização de Mulheres de Ação Global e de Mulheres em Ministério. Conferencista e escritora. Solteira. É autora dos livros *A missão de interceder* e *Ministério cristão e espiritualidade*, e coautora de *Mulheres: fragilidade e força*. Pela Mundo Cristão, é autora de estudos da *Bíblia de Estudo: Desafios de Toda Mulher*.

Helena Tannure

Palestrante nas áreas de caráter cristão, família, arte, papel da mulher, louvor e intercessão. Atuou como cantora do Ministério de Louvor e Adoração Diante do Trono, no qual, junto com seu esposo, João Lúcio, também participou da criação do Ministério Crianças Diante do Trono. Foi professora do Centro de Treinamento Ministerial Diante do Trono (CTMDT). É mãe de Clara, Miguel, Arthur e Sofia. É autora, pela Mundo Cristão, da obra *Seja feliz hoje* e de estudos da *Bíblia Mulheres Diante do Trono*.

Nancy Gonçalves Dusilek

Palestrante e escritora. Membro da Academia Evangélica de Letras do Brasil. Graduada em Letras e Educação Religiosa. Membro da Igreja Batista Itacuruçá, no Rio de Janeiro. Viúva, é mãe de dois filhos e avó de uma neta. É autora dos livros *Mulher sem nome*, *O grito das incluídas*, *Liderança cristã: a arte de crescer com as pessoas* e *Descobrindo e capacitando líderes.* Pela Mundo Cristão, é autora de estudos da *Bíblia de Estudo: Desafios de Toda Mulher*. Tem dezenas de artigos publicados em periódicos denominacionais.

Nina Targino

Coordenadora nacional do movimento Desperta Débora na Mocidade para Cristo (MPC). É membro da Missão Juvep e da Aliança Cristã Evangélica Brasileira, em cujo conselho coordenador atua. Advogada. Mãe de três filhos e avó de seis netos. É autora, pela Mundo Cristão, de estudos da *Bíblia de Estudo: Desafios de Toda Mulher*.

Stormie Omartian

Escritora americana, autora de sucessos como *O poder da esposa que ora* (Mundo Cristão, 1998). Já vendeu seis milhões de livros. Membro da Igreja do Evangelho Quadrangular. Casada e mãe de dois filhos. É autora, pela Mundo Cristão, de 39 obras, entre elas *O poder da esposa que ora*, *Guerreiras de oração* e *O poder da mulher que ora*.

Suely Bezerra

Líder Nacional do Ministério Mulheres Intercessoras. Junto com o pastor Carlos Alberto Bezerra, com quem é casada, pastoreia o rebanho da Igreja Comunidade da Graça no Brasil e no exterior. Desenvolve dentro deste ministério o Projeto MAE, que visa a cuidar e dar apoio às esposas de pastores e líderes cristãos. É mãe de seis filhos e avó de 17 netos.

Meus pedidos de oração

Meus pedidos de oração

Meus pedidos de oração

Meus pedidos de oração

Compartilhe suas impressões de leitura escrevendo para:
opiniao-do-leitor@mundocristao.com.br
Acesse nosso *site*: www.mundocristao.com.br

Equipe MC:	Maurício Zágari (editor)
	Natália Custódio
Projeto gráfico e diagramação:	Sonia Peticov
Preparação:	Luciana Chagas
Revisão:	Josemar de Souza Pinto
Gráfica:	Imprensa da Fé
Fonte:	Garth Graphic 11/15,7
Papel:	Lux Cream 70 g/m² (miolo)
	Cartão 250 g/m² (capa)